文化罗盘

企业文化十大原理

国夫 ◎ 著

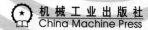

机械工业出版社
China Machine Press

图书在版编目（CIP）数据

文化罗盘：企业文化十大原理 / 国夫著 . -- 北京：机械工业出版社，2022.5
ISBN 978-7-111-70586-4

Ⅰ . ①文… Ⅱ . ①国… Ⅲ . ①企业文化 Ⅳ . ① F272-05

中国版本图书馆 CIP 数据核字（2022）第 064425 号

文化罗盘：企业文化十大原理

出版发行：机械工业出版社（北京市西城区百万庄大街 22 号　邮政编码：100037）	
责任编辑：秦　诗	责任校对：殷　虹
印　　刷：北京诚信伟业印刷有限公司	版　次：2022 年 6 月第 1 版第 1 次印刷
开　　本：170mm×230mm　1/16	印　张：18.25
书　　号：ISBN 978-7-111-70586-4	定　价：79.00 元

客服电话：（010）88361066　88379833　68326294　　投稿热线：（010）88379007
华章网站：www.hzbook.com　　　　　　　　　　　　读者信箱：hzjg@hzbook.com

版权所有 · 侵权必究
封底无防伪标均为盗版

▶ 推荐序

文化即命运

牛根生

文化即命运。

一个人的命运好不好,取决于他的文化。

一个企业的命运好不好,取决于企业文化。

一个企业,从生到死,或者从生到不死,都是文化坐在中军帐。

文化坐在中军帐中干什么呢?它要弹奏"九部曲"。

第一部曲,取势。

大势大赢,小势小赢,没势不赢。

什么是"大势"?与大多数人利益相关的势,就是大势。一个企业,如果不关心老百姓的大事,老百姓怎么会关心你的事?

顺势而为,15%的努力,85%的收获;逆势而为,85%的努力,

15% 的收获。

第二部曲，聚人。

财散人聚，财聚人散。让"为自己干"控股，让员工有 51% 的努力是给自己干。

我们聚的是"带工具的人"。请来绵羊，一千只都不行；请来狮子，一头就管用。

什么是人才？三合论：合适时间、合适地点的合适人选。"有德有才破格重用，有德无才培养使用，有才无德限制录用，无德无才坚决不用。"怎么退出？用才"三级火箭论"：完成历史使命，就得退出历史舞台。

小胜凭智，大胜靠德。但无大智者无大德。领军人物，必须大智与大德双全。

第三部曲，营心。

经营人心，关键是经营出两颗心：一颗信心，一颗爱心。

"有信心不一定会赢，没有信心一定会输；有行动不一定会成功，没有行动一定会失败。"势再好，残酷的竞争无一例外，红海之中有蓝海，蓝海之中有红海，九死一生。"坐着没有机会，走着有一个机会，跑着有两个机会。"没信心，队伍就乱了。文化是最大的定海神针。

成长是用户爱出来的。产品之爱是起点，产品等于人品。所以，没有质量，一切都是负数。文化之爱是高点。所以，成为一面旗帜很重要。然而，旗帜之爱又是极其脆弱的，"要赢得好声誉需要 20 年，而要毁掉它，5 分钟已足够"。

要把握好 4 个 98%：品牌的 98% 是文化，经营的 98% 是人性，资源的 98% 是整合，矛盾的 98% 是误会。

第四部曲，赋能。

全员对标：你是所居岗位的 No.1 吗？

人高业自高——人的提高是主产品，业的提高是副产品。

管理是严肃的爱，培训是最大的福利，使用是最大的培养。

赋予能量与赋予技能同等重要。"只为成功找方法，不为失败找理由"，坚持这一理念，造就了多少奇迹，避免了多少失败！这是文化赋予能量的范例。

"巨大的成功不是来自力量，而是来自韧性。"只修改手段，不修改目标。

第五部曲，耐挫。

百年老店是干出来的，不是喊出来的。这是一场长征：陷阱，暗箭，血泪；高山，天桥，彩虹。只有最硬的队伍，才能一队接一队，前仆后继，打得散队形却打不散灵魂。

第六部曲，共赢。

股东投资求回报，银行注入图利息，员工参与为收入，合作伙伴需赚钱，顾客购买要实惠。

"与自己较劲"还是"与别人较劲"，这是一个分水岭。"与别人较劲"能不能赢？能赢，但那只是短赢。从长赢角度看，"与自己较劲"才能笑到最后。因为这世上有大数定律：射人的人难逃被射的命运，度人的人总有被度的善报。

放射自己的光，无须吹灭别人的灯。

第七部曲，反弹。

专家都说"不能"，但因为我们识字不多，一不小心把"不"字给丢了，结果就变成了"能"！

"要想知道，打个颠倒。"所有创新都是挑战现有认知的结果。所以，有时候，别人"正"弹，你需要"反"弹。

第八部曲，做圈。

现代竞争已经不是一个企业与另一个企业的竞争了，而是一个生态圈与另一个生态圈的竞争。一旦做成生态圈，就会出现"撼山易，撼生态圈难"的景象。

直接去举一千斤的人，愚蠢；四两拨千斤的人，聪明。思路决定出路，布局决定结局，吨位决定座位，心态决定状态，脑袋决定口袋，心胸决定成败。

第九部曲，基因。

文化是基因。你不相信基因不行。稻盛和夫带出3个世界500强企业。中国也有许多杰出的连续创业团队。而我熟知的这群人，16年做出一个冠军，此后9年做出另一个冠军，之后4年又把第三家企业做成东南亚同业第二。做成功一个企业，那只叫成功；做成功一个又一个企业，这就叫基因。

同样的设备、同样的原料、同样的人，在不同的企业中发挥的效力是不同的，因为各个企业的文化不同。

国夫新著《文化罗盘：企业文化十大原理》就要出版了，邀我谈谈企业文化以为序。据我观察，流行的企业文化理论，有两个特点：一是舶来的多，二是没干过企业的人写的多。而本书显然展现出不同的基因：第一，经验是中国本土的；第二，作者是干过企业的；第三，内容是集大成的。众所周知，知道不等于得到，背会与体会之间有很长的距离。"中国的 + 干过的 + 集大成的"，足以让这本书"跳"出来。

世界上的思想比星星多，观点比人口密，一旦做了选择，就有了凝聚点，有了向心力，有了主心骨。选书也是这样。

▶ 前言

愿景、使命分不清,谁该背锅

(一)

爱因斯坦说:"理论决定我们能够观察的东西。"

那么,已有的企业文化理论,让我们观察到了什么?老实说,观察有限,问题无边。

企业文化是什么?问题!说出来的愿景像使命,写出来的使命像愿景。

企业文化管什么?问题!哪个属于普通基因,哪个属于伟大基因?

企业文化从哪儿来?问题!自生的算,拿来的算不算?

问题的根源在于理论落后于实践。理论决定武器——冷兵器、热兵器、核武器,理论是根,武器是苗。现在已经是信息时代了,但我们的文化理论还多半停留在工业时代。

过去做一家巨无霸企业，你得在地上铺满黄金；现在做一家独角兽企业，一个创意就能引发指数级增长。

今天，两家相互竞争的企业，不管硬件资源的差别有多么巨大，最终决定它们兴衰的往往都是软件资源——企业文化。

企业文化管什么？不仅管普通基因，更要管伟大基因。什么是"伟大基因"？垄断基因！什么是"垄断基因"？独家能力！能力是企业文化发展水平的标志，但能力是过去企业文化理论的弱项乃至缺项。实际上，只要提到伟大的企业，我们首先想到的就是它的能力，以及由此给世界带来的伟大变化。提到微软，我们首先想到的是它的软件能力；提到谷歌，我们首先想到的是它的搜索能力；提到华为，我们首先想到的是它的5G能力……

离开生产力，企业文化等于零。企业文化必须成为生产力的发动机！

那些天天喊文化的企业，只要它们没有把能力纳入企业文化的范畴，那么，即使喊上一万年，它们仍然摆脱不了"巨人堆里的矮子"的尴尬境地！

企业文化从哪儿来？文化是个基因库，每个相关者都企图贡献自己的基因。招进一个人，就等于招进一种文化。

文化的动力源，要用矛盾运动的观点去寻找——这也是过去企业文化理论的弱项乃至缺项，就连《基业长青：企业永续经营的准则》的作者吉姆·柯林斯这样的大家，都以为企业文化只能"长出来"，不能"种进去"。但我们要理直气壮地说，企业发展的一大动力，来自用户，来自需求，我们要把用户的需求文化采进来，种下去，并且让它结出巨大的果实！百度学习谷歌，微博效仿推特，都是"播种式"。社会不断发展的需求文化和企业滞后的本领文化之间的矛盾，是推动企业文化发展的主要矛盾。那种离开矛盾找动力的做法，无异于缘木求鱼。我们需要建立一个具有全球视野的大文化圈，关起门来搞文化的时代一去不复返了。

企业文化是什么？过去我们耳熟能详的两个经典定义都有问题：第一个定义把企业文化分为四个层次，即精神层、行为层、制度层和物质层；第二个定义把企业文化等同于统一的价值观。

第一个定义过于宽泛。一切都是企业文化的结果便是一切都不是企业文化，全是重点就等于没有重点，全是朋友就等于没有朋友。物质并非文化。没错，人造物是文化的产物，但它并非文化本身。"宝葫芦"可以摇出黄金，但"宝葫芦"不是黄金。企业文化是"宝葫芦"，但不是由它"摇出"的厂房、产品、雕塑与油画。

第二个定义过于窄化。能力哪儿去了？愿景哪儿去了？说到愿景，我们就不能不说说愿景与使命的纠葛了。为了给二者做出区分，国内外的争论实在太多了，然而，即便是在理论上做出貌似不同的陈述，一碰到实践的"石头"，这种"玻璃隔离墙"就被撞得粉身碎骨：提出的愿景像使命，提出的使命像愿景……于是，争论陷入莫名的悖论——由于区分而使二者更加难以区分。事实上，使命和愿景都是"奋斗蓝图"（顶层目标），只不过使命是"客位蓝图"（外视角），愿景是"主位蓝图"（内视角），根本就是同一张盾牌的内外两个面，所以，有些企业干脆使命愿景二合一！

整个企业，三域而已：精神域、物质域、符号域。企业所有变化，不过是三域循环而已。企业文化就是企业的精神循环系统。由此我们导出企业文化的根本原理——文化九变原理：精神变符号，符号变精神，物质变符号，符号变物质，物质变精神，精神变物质，精神变精神，物质变物质，符号变符号。发展生产力，有超出这"九变"的吗？

（二）

这本《文化罗盘：企业文化十大原理》，是对企业文化的全景式扫描，用十大原理为企业勾勒出一幅"大图"——文化罗盘。

为什么有时一个口号可以胜过一打工厂？第一大原理（文化九变原理）告诉你：符号是翅膀，一家只知道埋头苦干、不知道运用符号画龙点睛的企业，只能爬行，不能飞行。葡萄牙的亨利王子青史留名的一个原因，是他有一个专门记录其言行的史官。

为什么这世界反复上演"一人兴企，一人败企"的剧本？第二大原理（文化拼图原理）告诉你：企业里通常只有两种人，"一把手"和"其他人"——一把手"决定系统"，其他人被"系统决定"。这个剧本连"二把手"都修改不了，如"二把手"牛根生在自己的"地盘"上定的规矩，"一把手"郑俊怀来了就废了。

为什么成功的企业总有一个卓尔不群的领导人？第三大原理（文化选择原理）告诉你：卓越的领导者有一项"反向功"——众南你北，众北你南，众忧你乐，众乐你忧——在抉择时站到大多数人的对立面。没有这项基本功，虽然仍有可能成为优秀的领导者，但几乎不可能成为卓越的领导者。《乌合之众》的精髓，总结成一句话就是：多数人之见多为平均智商之见。

为什么冲突通常让事情变得更好而不是更糟？第四大原理（文化矛盾原理）告诉你：没有冲突就没有成长，没有挫折就没有升华。矛盾可

"增"免疫力，矛盾可"强"爆发力，矛盾可"升"想象力，矛盾可"变"生产力。

为什么几乎所有"高大上"的创业，都让人有一种似曾相识的感觉？第五大原理（文化演化原理）告诉你：今天最流行的创业模式，其实就是用新的技术或新的商业模式把原来的事"再做一遍"。以火车和汽车为例：煤做一遍（蒸汽火车），油做一遍（内燃机车），电做一遍（高铁、电动汽车），网做一遍（网上订票，App 网约车）……直到今天，人工智能"再做一遍"，于是有了无人驾驶。人类的每一次技术革命，都会引发"再做一遍"的潮流。

为什么做下级的永远不要说"不可能"？第六大原理（文化主体原理）告诉你：凡事都有能的条件，也有不能的条件，关键看你盯哪个，盯能则能，盯不能则不能。说能的人，把渺小做成伟大；说不能的人，把伟大做成渺小。

为什么人一进入企业，就会身不由己地被一种力量推着走？第七大原理（文化基因原理）告诉你：人往往不是独立的人，而是"场人"，被植入企业基因的"场人"。"文化场"所形成的总体驱动力，就是"士气"。雪崩也是一个场，在这个场中，每一片雪花都无所谓"自由意志"。

为什么"最红的"胜过"最好的"？第八大原理（文化传播原理）告诉你：载体能量决定传播能量。如何让载体有能量？看看红日吧——太阳是天上最大最亮的星体吗？不是。繁星满天，比太阳更大更亮的恒星不计其数。那么，为什么"太阳一出，只见太阳，不见星星"？因为近距作用，太阳用最大的能量照耀着我们！这就是"红日效应"。载体设计原则：要么自成红日，要么绑定红日。

为什么许多做"生态"的,最后做成了"死态"?第九大原理(文化生态原理)告诉你:今天的竞争,已经不是一个企业与另一个企业的竞争,而是一个生态圈与另一个生态圈的竞争。生态圈和生态圈之间,可以形成更大的生态圈。有核是"活圈",无核是"死圈"。这个"核"是什么?共同利益。我与牛根生先生于2003年共同提出的"企业生态圈"理论,在业界得到广泛认同!

为什么有的企业挑起竞争,最终却被对手挑于马下?第十大原理(文化效能原理)告诉你:世界上最弱的挑战者,就是还没想好第二招就轻率出招的人。竞争要打"组合拳",要踢"连环脚",不能有前手无后手,不能出了第一招没有第二招。历史上,晁错就是死于出了第一招,没有第二招。孤环易死,连环长命。

当然,九九归一,也许你最关心领导力,那么,领导力的真谛是什么?"制胜领导力"告诉你:胜利,也许是最大的领导力,其他都是边边角角。想想吧,危难中谁会成为领导核心?是那个能带领大家打胜仗的人啊!

还有,为什么"战略就是做正确的事"是个伪命题?为什么帕累托法则属于"事后诸葛亮"?为什么自我管理并非管理的最高境界?为什么在创业中,钱和智慧成反比?等等。

这些问题,让我们一起来探索,因为"理论决定我们能够观察的东西"。

▶ 目录

推荐序　文化即命运

前言　愿景、使命分不清，谁该背锅

第 1 章　文化九变原理　　　　　　　　　　　　1

　　过去做一家巨无霸企业，你得在地上铺满黄金；现在做一家独角兽企业，一个创意就能引发指数级增长。没钱的人创业，往往会把智慧放大到极致！

三循环理论　　　　　　　　　　　　　　　　2

文化罗盘　　　　　　　　　　　　　　　　　6

如何应用蜻蜓模型　　　　　　　　　　　　　9

九变原理的普遍性　　　　　　　　　　　　　12

第 2 章　文化拼图原理　　　　　　　　　　19

一个企业里只有两种人，一种人叫"一把手"，另一种人叫"其他人"；一把手"决定系统"，其他人"系统决定"。这个剧本连"二把手"都修改不了。"将"争是第一性的，"兵"争是第二性的。

文化拼图　　　　　　　　　　　　　　　　20
文化大三角　　　　　　　　　　　　　　　24
目标体系　　　　　　　　　　　　　　　　26
能力体系　　　　　　　　　　　　　　　　44
理法体系　　　　　　　　　　　　　　　　54
文化图腾：企业文化的 IP　　　　　　　　 74
企业文化手册　　　　　　　　　　　　　　76
企业文化的误区　　　　　　　　　　　　　79
五类企业　　　　　　　　　　　　　　　　85

第 3 章　文化选择原理　　　　　　　　　　89

招进一个人就等于招进一种文化。招好了，招进一个"扛鼎"的人；招不好，招进一个"杀你"的人！

"播种式"不可避免　　　　　　　　　　　 91
"结晶式"重在总结　　　　　　　　　　　 93
三种文化：本能文化、本领文化、需求文化　93

第 4 章　文化矛盾原理　　　　　　　　　　99

你有没有发现，今天最流行的创业模式其实就是用新技术或新的商业模式把原来的事"再做一遍"？

最早的车——马车，用油"再做一遍"——汽车，用电"再做一遍"——电动车，用网"再做一遍"——网约车。

第一对基本矛盾：员工本能文化与企业本领文化的矛盾　100
第二对基本矛盾：企业文化与社会需求文化的矛盾　103
文化冲突　112
文化挫折　114

第5章　文化演化原理　119

管理的最高境界，不是"自治"，不是"他治"，而是"共治"，即完整管理＝自治×他治＝共治。要是你让其中一项等于"0"，对不起，结果还真等于"0"。

自发阶段　120
自觉阶段　121
自然阶段　122
三自模型的本质　123

第6章　文化主体原理　125

"请来绵羊，一千只都不行；请来狮子，一头就管用。"快手从谷歌挖了一个人，结果一年之内把日活跃用户数量由60万提高到1300万！但挖人也要警惕"砍头式误区"，否则既耽误了他也耽误了你。

发轫者根本论　126
圈人运动　127
圈人三标准　129

| 企业文化的圆心是管"心" | 144 |
| 涉及管"心"的若干讨论 | 146 |

第7章　文化基因原理　　155

> 文化场是一个基因系统，人往往不是独立的人，而是"场人"，是被植入企业基因的"场人"。文化场所形成的总体驱动力，就是士气。雪崩也是一个场，在这个场中，每一片雪花都无所谓"自由意志"。

先有将气，后有士气	156
基因工程之一：领导力是怎样炼成的	159
基因工程之二：员工知识共享	185
基因工程之三：整合全球智慧创造全球价值	190
文化场的秘密	194

第8章　文化传播原理　　197

> 旗开得胜，旗不开不胜。想拉一支队伍，不妨先树一面旗帜。陈胜吴广，壮丁而已，但一面"反"字旗，就让历史记住了这两个闾左小民，而隐去了万千才子帽。敢于亮旗，才会引发"向旗运动"。

"自成红日"何其灿烂	198
旗帜是"自成红日"的核心元素	199
绑定红日的八大招数	204
消费者只为自己转发	212
负极效应	214

第9章　文化生态原理　　　　　　　　　　　221

拳击场上，胜者往往赢在"组合拳"上！竞争要打"组合拳"，要踢"连环脚"。世界上最弱的挑战者，就是还没想好第二招就轻率出招的人。有前手无后手是竞争大忌。孤环易死，连环长命。

企业生态圈：有核是"活圈"，无核是"死圈"　　222

竞争文化：圈与圈的搏斗　　　　　　　　　　　224

共生文化：小圈向大圈延展　　　　　　　　　　231

不管同圈异圈，都有共生文化和竞争文化　　　　233

第10章　文化效能原理　　　　　　　　　　235

帕累托法则误用陷阱：一上手就只想做这20%，不想做那80%。殊不知，80/20无法事前预知，只能事后推知。也就是说，不尝试那80%，根本就不会发现这20%，甚至这20%就是以那80%为基础的！

兴衰辩证：让财富创造最大化　　　　　　　　　237

长短辩证：让能力发挥最大化　　　　　　　　　239

快慢辩证：让世界变革最大化　　　　　　　　　244

福祸辩证：让人群关联最大化　　　　　　　　　246

"二难选择"是常态　　　　　　　　　　　　　248

"矛盾趋衡论"与"荡秋千管理法"　　　　　　255

方生方死，此岸彼岸　　　　　　　　　　　　　264

附录　国夫感悟　　　　　　　　　　　　　　267

01 文化九变原理

第 1 章

　　整个企业，三域而已：精神域、物质域、符号域。企业所有变化，不过是三域循环而已。三域循环者昌，二域循环者盲，一域循环者亡。由此，我们导出企业文化第一大原理——文化九变原理：精神变符号，符号变精神，物质变符号，符号变物质，物质变精神，精神变物质，精神变精神，物质变物质，符号变符号。

亲爱的读者朋友，我们经常说要"识大局""看大图"，那么，做企业究竟应该如何"识大局""看大图"呢？

其实很简单，企业每天所做的，无外乎三件事：精神的事、物质的事、符号的事。这三件事，不是各管各的，而是相互之间变来变去。

于是，我们就得到第一张"大图"——三循环理论。

三循环理论

什么是三循环理论？整个企业，三域而已：精神域、物质域、符号域。企业所有变化，不过是三域循环而已：精神循环系统、物质循环系统、符号循环系统，它们各自循环且相互循环。在循环过程中，这三个系统的地位是平等的吗？当然不是。为了更形象，我们用"蜻蜓模型"来描述"三循环理论"。

蜻蜓模型（见图1-1）：如果把企业比作一只蜻蜓，那么，头部代表文环（精神循环系统），躯干代表物环（物质循环系统），翅膀代表数环（符号循环系统）。文环负责领导，物环负责承载，数环负责飞翔，头、躯干、翅膀三位一体，决定了蜻蜓飞向哪里和飞的方式。

这样，我们就可以给企业文化下定义了。

企业文化就是企业的精神循环系统。

也就是说，企业文化是企业的"头部"。

列位，推动三循环的力量是什么？

在企业里，"物质变物质"会自己变吗？不会。除了自然的腐烂，一切向好的转变，无一不是在文环参与下完成的，例如把原料变成产品。

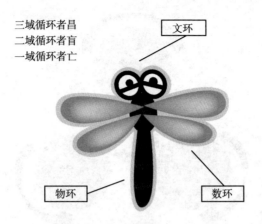

图 1-1 蜻蜓模型

"符号变符号"会自己变吗？也不会。只有在文环参与下，文字才能变口号，图文才能变商标。

"三循环"会自己循环吗？同样不会。清华大学虚拟学生华智冰（2021年6月1日亮相，6月15日入学）是由文环驱动的企业三循环的产物，同时"她"也模拟着人类的三循环模式。

所以，文化是干什么的？

文化就是推动三循环的，是让精神、物质、符号三者之间变来变去的一种力量。只有变，才能变出一个新天地。这样我们就得到企业文化十大原理中的第一大原理——文化九变原理。

文化九变原理（见图1-2）：精神变符号，符号变精神，物质变符号，符号变物质，物质变精神，精神变物质，精神变精神，物质变物质，符号变符号。

所谓"循环"，本质就是"九变"，文化是"九变"的穿珠红线。

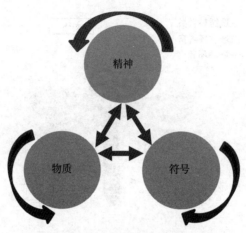

图1-2 文化九变原理

第一,"九变"中的每一变都不是自发的,而是自觉的,它们背后都有一个总指挥,那就是"文环"。或者说,企业文化的任务就在于促成"九变"。

第二,"九变"中的每一变都是"文环""物环""数环"的"三环均沾",比如"精神变精神"通常也要以符号、物质为载体与中介。

第三,所谓"精神变物质","变"在这里是使动用法,即"精神使物质变"。不是唯心主义的凭空之变,而是说人利用聪明才智创造物质财富,或者让物质变出某种属性(由创意产生新品)。

举一个例子,你就明白"文化九变"在企业运作中的奥妙了。

蒙牛的文化九变

蒙牛为什么创立伊始便成为"中国民营企业成长冠军"?

善用文化九变,是其中的一个重要原因。

比如,通常人们建工厂便是单纯地建工厂。那么,能不能让所建的工厂，除了造出产品，顺带也造出精神？

有个人想到了，这个人就是牛根生。他经营有形资产的时候，时刻惦记着无形资产，把"单资产"变成了"双资产"。

蒙牛建工厂时，建的是"全球样板工厂"，这是告诉消费者"最好的工厂在蒙牛"；蒙牛建牧场时，建的是"国际示范牧场"，这是告诉消费者"最好的牧场在蒙牛"。最好的工厂在蒙牛，最好的牧场在蒙牛，请问：最好的牛奶在哪里呢？消费者会默认——最好的牛奶在蒙牛。

于是，蒙牛牛奶非常畅销，仅用5年时间，就成为中国液态奶销量冠军。

在这里，我们可以整理出几个变：

第一变，精神变物质（创意让物质发生变化）。有创建"双资产"的精神，才产生了顶尖工厂、顶尖牧场这样的物质。

第二变，物质变符号。工厂被冠名"全球样板工厂"，牧场被冠名"国际示范牧场"，都是物质变符号。

第三变，符号变精神。"全球样板工厂"意味着最好的工厂在蒙牛，"国际示范牧场"意味着最好的牧场在蒙牛，这两个符号进一步转化为消费者的品牌认知——最好的牛奶在蒙牛！

第四变，精神变物质（认知让物质发生变化）。消费者的品牌认知形成巨大的购买力，让蒙牛的生产规模扩大了几百倍。

当然，我可以把其他五变也附带提一笔：起名"蒙牛"，精神变符号；挂名"蒙牛"卖得好，符号变物质；原奶变成特仑苏，物质变物质；蒙牛方法论传到业界，精神变精神；实体书《蒙牛内幕》变成电子书，符号变符号。

从这里也可以看出，文化九变从来不是企业内部之变，而是企业与整个社会的互动互变。例如动力源头之"精神"，既包括企业家的精神、员工的精神，也包括消费者的精神、全社会的精神。

由此，我们得到运用三循环理论的一个很重要的方法论：做物质的事的时候，一定要想想有没有精神、符号的文章可做；做精神的事的时候，同理；做符号的事的时候，亦同理。

"无中生有，有中生无，无中生无，有中生有。"这句话真是说尽了文化九变，也道尽了企业之变。

为了让读者朋友把企业大图看得更清楚，我在这里要把整本书所讲的全部内容，也就是企业文化十大原理，先用一个模型集中交代一下。这样我们就得到第二张大图——文化罗盘。

文化罗盘

文化罗盘（见图1-3）：以"三循环理论"为圆心，以"企业文化十大原理"为圆周，所构成的文化管理工具。其中的"企业文化十大原理"以"文化九变原理"为起点，以"文化效能原理"为终点，左半球聚变弧发生的是"聚变反应"（文化的集聚），右半球裂变弧发生的是"裂变反应"（文化的发散），企业按十大原理运转而生生不息。

首先，简单说明一下十大原理到底在讲什么。

第一大原理："文化九变原理"。文化不是一个静态的东西，文化的全部奥妙在于"变"（九变）。只有变，才能变出一个新天地。这部分属于本质论。

第二大原理:"文化拼图原理"。每个企业都有自己的文化拼图,其中,被置于核心地位的文化因子叫作"文化元点"。接下来,与"文化元点"相契合的文化因子可以被拼接,与"文化元点"相排斥的文化因子无法被拼接……这样一环一环拼接下去,就构成了企业的"文化拼图"。这部分属于元素论。

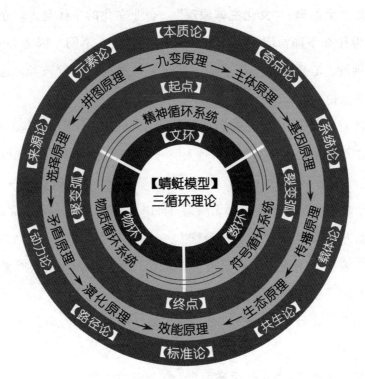

图 1-3 文化罗盘

第三大原理:"文化选择原理"。文化是一种选择,从内部选择叫作结晶式,从外部选择叫作播种式,二者整合构成"受精卵模式"。这部分属于来源论。

第四大原理:"文化矛盾原理"。很少谈动力是现有企业文化理论的共同缺点。文化的动力就是矛盾,而且是两对矛盾:一对是社会需求文化与企业文化之间的矛盾,另一对是企业本领文化与员工本能文化之间的矛盾。这部分属于动力论。

第五大原理:"文化演化原理"。文化是演化的,可分为三个阶段:自发阶段、自觉阶段、自然阶段。这部分属于路径论。

第六大原理:"文化主体原理"。企业文化的主体是人。企业和企业为什么不同?因为人不同。人和人为什么不同?因为心不同。心胜则胜,心败则败。企业的一切爆发,都有一个发轫者。这部分属于奇点论。

第七大原理:"文化基因原理"。"文化场"就是一个基因系统,人往往不是独立的人,而是"场人"——被植入企业基因的"场人"。"文化场"所形成的总体驱动力,就是"士气"。雪崩也是一个场,在这个场中,每一片雪花都无所谓"自由意志"。这部分属于系统论。

第八大原理:"文化传播原理"。文化需要传播,传播需要载体,载体需要能量,能量从何而来?不妨看一看红日,即使夜晚繁星满天,太阳一出,便只见太阳,不见星星!这就是"红日效应"。由此引申出载体设计原则——要么自成红日,要么绑定红日。这部分属于载体论。

第九大原理:"文化生态原理"。今天的竞争,已经不是一个企业与另一个企业的竞争,而是一个生态圈与另一个生态圈的竞争。生态圈和生态圈之间,可以形成更大的生态圈。有核是"活圈",无核是"死圈"。这个"核"是什么?共同利益。这部分属于共生论。

第十大原理:"文化效能原理"。衡量企业文化成败的唯一标准是什么？生产力。如何让文化成为生产力的发动机？这部分属于标准论。

接下来，我们看一下十大原理在"文化罗盘"中的逻辑关系。

九变原理为什么是起点？因为企业文化的任务就在于促成九变。

效能原理为什么是终点？因为企业文化的目的就在于促进生产力。

左半球的聚变弧为"拼图→选择→矛盾→演化"，其逻辑为"元素→元素的选择→元素的博弈→元素的进化"。为什么说它是"聚变反应"？因为它是企业文化的形成过程，是由"轻原子"到"重原子"的聚变过程。

右半球的裂变弧为"主体→基因→传播→生态"，其逻辑为"人→企业→社会→生态圈"。为什么说它是"裂变反应"？因为它是企业文化的扩张过程，是由一个群体向另一个群体的裂变过程。

值得注意的是，企业文化是多维的，有主文化与亚文化之分，也有研发文化、管理文化、采购文化、生产文化、销售文化、客户文化、公关文化、股东文化、环保文化等之分，这些在十大原理中均有呈现。

小结一下：我们做企业，就是要从"文化罗盘"这个大图出发。

大图有多重要呢？这么说吧：胸中无大图者，可能每一笔都是胡写；眼里无左右者，可能每一步都会趔趄。

如何应用蜻蜓模型

厘清头绪后，现在我们来看蜻蜓模型的应用。

第一,"文环"是王道。

毫无疑问,人类经历过"体力时代""财力时代",现在正是文环为王的"脑力时代"。看看国外的脸书、谷歌,再看看国内的腾讯、华为,哪一家不是"脑力公司"?

过去做一家巨无霸企业,你得在地上铺满黄金;现在做一家独角兽企业,一个创意就能引发指数级增长。

所以,除了关系国计民生的重大项目,现在如果发现一家企业用"在地上铺满黄金"的方式创业,你得警惕!

诸位有没有发现,创业中有一个奇特的现象:钱和智慧成反比!

一次创业的,钱越多越容易乱烧;曾经创造过辉煌的人,二次创业时也极容易多动钱少动脑。比如,万达做电商,飞凡网烧了十多个亿,灰飞烟灭!又如,恒大做水,投了四十多个亿,卖了十多个亿(当然现在又买回来了)。没钱的人会这样创业吗?

没钱的人创业,往往会把智慧放大到极致!樊登说,樊登读书会起步时,先在微信群里讲,然后在公众号里讲,最后才做了App。

人脑总是倾向于走最容易的道路。于是就有了"创业悖论"——钱和智慧成反比,小钱大智慧,大钱小智慧。

第二,"物环"是"霸道"。

吨位决定地位。过去做大吨位的办法,多数是重资产模式;现在做大吨位的办法,可以是轻资产模式。

其中的奥妙,就在于整合信息——代表实物的信息。这也是指数型组织的秘密。

ofo为什么由盛到衰不过三五年?它看上去是一个脑力企业,其实是一个财力企业。它走的还是传统的重资产的路子——每一辆自行车都是自己买的。

滴滴就不同，它是一个脑力企业，它整合的是信息。它不买任何一辆车，只要社会车辆同意进入它的系统，别人的车就"变成了"它的车，所以，边际成本为零。

爱彼迎（Airbnb）也一样，作为全球领先的住宿平台，却不盖一间房。

以后，当你的企业想增加吨位的时候，要不要考虑零边际成本的路子？

第三，"数环"是航道。

有航道才会有飞翔。大数据也是数环。

一家只知道埋头苦干、不知道运用符号画龙点睛的企业，只能爬行，不能飞行。

但时代变了，"航道"也变了。有位企业家公开谈过自己的血泪教训：他曾在电视台及机场路牌上砸了 3000 万元的广告，却没引来一个用户（我怀疑他说得夸张了，但引来的用户出乎意料的少应该是真的）；而在百度及头条上参与信息流广告之类的竞买，则投一个准一个！

我们可以思考一下，这是为什么。电视台广告与路牌广告都是隔山打虎，想让消费者用头脑记住你，并且在一段时间后动手去搜寻你（看到和动手之间有时间错位），那难度系数不是一点半点（当然，如果目的不在于销售，而在于加深品牌印象，则另当别论）；而网络广告则可以直接把用户引导到企业网站、公众号或小程序，不用记忆，兴之所至，一点即到或一扫即到。

所以，流行词也是一个风向标：过去有"标王"，今天有"网红"。

九变原理的普遍性

九变原理不仅适用于企业，也适用于社会：整个人类发展史，就是一部"九变史"——人类文明的第一个标志是制造工具，"精神变物质"；第二个标志是创造语言，"精神变符号"；第三个标志是读书学习，"符号变精神"……

九变原理的普遍性，我们通过几个例子可以看出来。

例一：精神变符号

任正非说过一句话："所有生意终将消亡，唯有文化生生不息。"这说的是文化的"离线功能"。一千年之后，企业可能死掉了，但企业创造的文化，仍然会以符号的形式传递，实现超越时空的存在。

什么精神能传之后世？需要"双超"：超级精神，搭上超级符号。

我们先看两个自然人的例子。

第一个是王进喜的例子。

王进喜在被钻杆砸伤腿的情况下，仍然跳进水里堵井喷，这可谓"超级精神"。

但在具备了这个"实"之后，"名"的力量就显示出来了：假如当时记者冠以王进喜的不是"铁人精神"，而是"献身精神"，王进喜的超级精神还能不能飞遍全国、飞到今天呢？能飞，但大概率是"飞而不远"。为什么？因为那是一个英雄辈出的年代，像王进喜这样无私奉献的人不是一小群人，而是千军万马，有的甚至献出了生命。那么，是什么让王进喜显现出来的呢？是"铁人精神"！这是一个超级符号。

第二个是恩里克王子的例子。

我读《大国崛起》，不免感慨：1492年前的航海家不算少，为什么唯独恩里克王子独耀史籍？

除了他代表国家力量这一不言而喻的优势，我在书中找到了另一个答案。原来，在他40年的航海大运筹中（自己不曾出海），有一件极小又极为重要的事——有一个专为他服务的编年史记录者，名为戈麦斯。

我们可以想象一下：那时的航海家中，像恩里克王子这样一边做事、一边配有专业史家记录其所言所行的，能有几个？有史家记录在案的，我们今天能够看到；无史家记录在案的，就被时间长河彻底淹没了。例如，戈麦斯清楚地记录了恩里克王子热衷航海大发现的五大原因：一是认识所有真相，二是寻找传说中的彼岸，三是了解对手（伊斯兰势力）实力，四是贸易，五是传播基督教义。

历史就是这样，它一方面是"行的历史"，另一方面又是"写的历史"！有行无写，无史；无行有写，伪史；有行有写，真史。凡有志于千秋万代者，除了做人做事，还要做符号——要么你自己在符号上用功，要么有人代你在符号上用功，否则，一切都是枉然。

例二：符号变精神

值得注意的是，名字作为符号，也可以影响一个人的精神。我们来看一篇报道。

研究显示长相与名字可能确有关联

一个国际研究团队近日在美国《个性与社会心理学杂志》表示，"人如其名"可能确实存在。

研究人员让数百名受试者观察一些陌生人的照片，并将照片上的人与四五个名字对号入座。受试者"找名字"的正确率达到25%～40%，明显高于随机的20%～25%。

研究还显示，文化造成的刻板印象会影响测试结果。法国受试者能够更好地将法文名字与法国面孔对号入座，以色列受试者则更善于将希伯来文名字与以色列面孔相对应。

此外，研究人员使用大约10万份长相与名字的搭配数据训练电脑后，电脑"以貌取人"的准确率可达54%～64%。

研究人员分析，在名字与长相的关系中，"自证预言"似乎正在发挥作用，即人们会不自觉地按已知的预言来行事，最终令预言发生。而且，人们只需调整面部某一"变量"，如改变发型，就能起到一定效果。

以色列希伯来大学研究员梅奥说："看来，姓名等社会标签可以影响人们的长相。"

她还认为，人们自出生起不仅会受到性别、种族、社会经济地位等因素影响，还要面对由名字带来的某种社会期待。

资料来源：新华网，2017年3月2日。

看看，符号就是影响力！企业的名称、商标、使命、愿景、价值观、广告语是企业六大"自证预言"。这六个符号鲜明，企业就鲜明；这六个符号模糊，企业就模糊。

但符号变精神也存在畸形案例，比如"星座预言"，甚至影响一些企业的选人和用人。由此，我曾写过一篇题名"我为什么不相信星座"的文章（写于2018年2月3日）予以批判。

我为什么不相信星座

天下"苦"星座久矣！

"苦"到什么程度？找了个对象，查星座与性格，试图发现他的"蛛丝马迹"；招了个员工，对星座与未来，看能不能凑出个"救世组合"；对自己的某一行为或状态，释其"根"曰"我是某某座"，摆出一副"星座使然，与我何干"的样子……

还"苦"到什么程度？一是照着"星谱"给自己贴标签，从此标签化，削自己之足适星座之履，使自己看上去愈加像某个星座；二是照着"星谱"给别人贴标签，从此刻板化，织星座之帽套别人之头，使别人看上去愈加像某个星座。

我原本以为"星座是个玩笑话"，大家不过游戏而已，直到某年惊讶地发现某位CEO竟然认认真真"看星座，选高管"，才发现这是一个值得厘清的问题。

星座之说为什么能骗人？因为它不是"无根之假"，而是"有根之假"。

人的性格的潜在辐射方向具有无限性——姑且把这"无限"抽象成120端吧。然后把这120端随机分配到12个模块中，每一个模块含10端。这12个模块即类似今人所谓12星座者。所以,说你是摩羯座,你就觉得自己有点像摩羯座;说你是水瓶座,你就觉得自己有点像水瓶座;说你是白羊座,你就觉得自己有点像白羊座……因为那120端,统统是你的潜在项,任意拿出其中10端,你当然是无处遁逃的。这就是星座与性格的秘密。

提到星座,就不能不提到算命。算命当然是无稽之谈。但当你接受算命结果的心理暗示时,它就不再是无稽之谈。譬如一个走钢丝的表演艺术家,今天将电视直播表演,观众达1亿人次,不幸的是,他昨天算了命,算命先生断言他今天会掉下来……如果今天这个阴云萦绕在他的心头,就说明他或多或少已经接受了这种暗示,那"掉下来"就成了大概率事件。当然,从大脑与身体的关联机制来看,这应该叫作"想什么就会来什么"!

于是,我想到了许许多多的"励志谬误"。

"别人睡觉我赶路",这大概是最流行的励志语了吧。且看它何谬何误。

有次读到一篇名为"15位CEO的作息时间"的文稿,看到一句对一位年过半百的CEO的追捧:"员工曾说,'他经常和年轻人比赛熬夜,半夜回邮件'。"

读到这里,我不自觉地笑了一下。

之所以笑了一下,倒不是对这位CEO有成见,而是对这个员工及作者在"认知不足前提下的误捧"不以为然。50岁的人和25岁的人比熬夜毫无意义,这就和25岁的人与1岁的人比熬夜一样情理不通。

众所周知,人的睡觉时长是越来越短的,刚生下来睡16小时也不过分，20 岁睡 8 小时实属正常，50 岁想一觉睡到大天亮基本属于奢望。

年轻人早起，属于奋斗；半百人早起，属于无奈。

请不要把无奈说成奋斗好不好？这会误导多少年轻人，让他们牺牲睡眠搞革命，到头来，早衰、健忘、判断力下降、决策失误增多，最重要的是，寿命见短。

即便是同龄人，张三睡 6 个小时最出活儿，李四睡 8 个小时最出活儿。你非得让李四学张三，那你到底还要不要出活儿？

这世上的"励志谬误"，大多脱离不开这三个错位：时间错位，空间错位，人错位。

例三：精神变物质（发明让物质发生变化）

你喝过牛奶吧？你知道世界上最大的牛奶包装公司是哪一家吗？

是利乐公司。

利乐公司当初有多小？

只是瑞典的一个小不点儿公司。

利乐公司现在有多大？

垄断了全球 75% 的无菌奶包装市场。

靠什么？

就是精神变物质——它发明了牛奶无菌包装。

真是国不在大，人不在多，只要有智慧，就能"统治"世界！

02 文化拼图原理

第 2 章

　　每个企业都有自己的文化拼图，其中，被置于核心地位的文化因子叫"文化元点"。与"文化元点"相契合的文化因子可以被拼接，与"文化元点"相排斥的文化因子无法被拼接，这样一环一环拼接下去，就构成了企业的文化拼图。这就是文化拼图原理。

　　构筑文化拼图的基本工具是"文化大三角"，包括"一个中心，三个基本点"。一个中心即文化元点，三个基本点即目标体系、能力体系、理法体系。

文化拼图

每个企业都有自己的文化拼图（或者叫"文化版图"）。其中，被置于核心地位的文化因子叫"文化元点"，接下来，与"文化元点"相契合的文化因子可以被拼接，与"文化元点"相排斥的文化因子无法被拼接，这样一环一环拼接下去，就构成了企业的文化拼图。这就是文化拼图原理。

文化拼图讲的是企业文化的构成元素。在这个拼图中，"文化元点"是"一级单片"，只有一个；与"文化元点"直接相拼的是"二级单片"，会有若干个；"二级单片"之外的，我们统称为"外围单片"。

假如有一天情况变了，企业文化需要变更，那么存在两种情形：一种是局部变更，即"文化元点"不变但外围的一个或多个"单片"需要变更；另一种是整体变更，即"文化元点"变了，相应地，企业原有的整个文化拼图就解体了，一切需要重构——"元点一变，满盘皆换"。从这个意义上讲，文化拼图就是文化星图，"文化元点"就是恒星，行星围绕恒星转；恒星一旦解体，行星自然逃逸。

我们说，在文化拼图中，被置于核心地位的文化因子叫"文化元点"。

那么，什么应该被置于核心地位？

我们看一个实例。

一个寻找"文化元点"的实例

中国圣牧的"文化元点"应该是什么？小范围的问卷调查表明，

有人认为是"治理沙漠",有人认为是"生产沙漠有机奶"。

为什么会出现这样的分歧?因为圣牧在乌兰布和沙漠做了两件大事。

第一件大事:将200多平方公里的沙漠改造为绿洲,建起蓄水库11座,建成有机草场22万亩……中国治沙暨沙业学会常务副会长兼秘书长杨文斌评价说:"圣牧治沙过程是史无前例的创新。"

第二件大事:生产出全球唯一的沙漠有机奶,是国内首家获得国标和欧盟有机标准双认证的牛奶品牌,是我国最大的有机奶企业,并在香港主板上市成为"全球有机奶第一股"……国家奶牛产业技术体系首席科学家李胜利对此称赞说:"好牛奶是种出来的、养出来的!"

两件事同属创举,难分伯仲,那么就需要回归初心了:当初创立这家公司,是为了治沙,还是为了做沙漠有机奶?

这样一来,核心就明确了,"文化元点"就出来了,即"提供全球最高品质的沙漠有机奶"。更进一步——"沙漠有机奶,健康中国人!"

对于圣牧来说,为了做有机奶而治沙,而非为了治沙而做有机奶。

"文化元点"因企业而异

"文化元点"因企业而异。当然,有些企业虽行其中却浑然不觉。

蒙牛的"文化元点"是什么?"每天一斤奶,强壮中国人。"能拼得上这一点的文化因子，留；拼不上这一点的文化因子，去。

阿里巴巴的"文化元点"是什么？"让天下没有难做的生意。"那么，下面三个单片中，哪个拼得上，哪个拼不上呢？

A：客户第一，员工第二，股东第三。
B：员工第一，顾客第二，股东第三。
C：股东第一，员工第二，客户第三。

当然是 A 拼得上，B 和 C 都拼不上。因为 B 和 C 与文化元点有冲突。

一般地，企业的使命或 MTP（宏大变革目标），就是企业的"文化元点"。

现在再来看看"外围单片"的拼接情况。

假设有三家企业，分别拥有上述 A、B、C 三个"二级单片"，那么，又会怎样影响"外围单片"的拼接呢？我们来看一组案例。

奉行顾客第一的强生公司，在关键时刻召回"泰诺"，因为发现有些胶囊受到了污染；同样，默克公司召回 Vioxx（一种止痛药），让公司损失了 200 亿美元。这些举动虽然短期内让公司遭受巨大损失，却带来了良好的长期回报。

而奉行股东第一的辉瑞公司，也曾遇到这样的问题。辉瑞的处理方法是，在得知某药物存在导致心血管疾病的风险后，只在说明书上增加了一条重要警告，避免了几十亿美元的损失。

在经济情况不好的时期，遵循"员工第一"的企业，奉行不解雇政策，激励员工与企业一起渡过难关；而奉行"股东第一"的企业，则会采用裁员、卖掉业绩不好的板块等手段，来减少财务损失。

资料来源：搜狐网，2017-08-23。

我们简单分析一下：同样面对"产品可能对消费者造成风险"这一问题时，强生的"二级单片"是"客户第一"，所以它拼接的"外围单片"就是"召回"；辉瑞的"二级单片"是"股东第一"，所以它拼接的"外围单片"就是"提示"而非"召回"。

"文化元点"站不住，组织也就站不住

"文化元点"站不住的情形有两种：一种是"文化元点"为负，一种是"文化元点"为假。

"文化元点"为负，就是非正义。

如果一个组织被员工认为是非正义的，那么，它的"文化元点"就是站不住的，接下来的一切单片都会站不住脚。这会给员工带来几个负效应：一是无法自我肯定，二是无法理直气壮，三是丧失意义激励。这等于炸药丢了导火索，想炸的时候炸不了，不想炸的时候却炸了。一般来说，人的潜能只有在自己认同的方向上，才能被激发。

当年"马家军"[一]的溃败，就形象地演示了"文化元点"为负的后果："健康"接不上，"病痛"黏得牢；"激情"接不上，"愤怒"黏得牢；"光荣"接不上，"惭愧"黏得牢……

血液检测公司Theranos的"一滴血骗局"，瑞幸咖啡造假上市，

[一] 马家军主要指马俊仁在辽宁省田径队女子中长跑组训练的一批女子中长跑运动员。

乐视网连续10年财务造假，都是"文化元点"为负的例子。

这些例子说明：一项事业，文化正则正，文化负则负。

"文化元点"为假，就是不能说到做到。

比如，有位总裁把"奉献"列为公司的核心价值观。总裁每次开大会都强调奉献，但员工禁不住撇嘴。原来，员工对一件事想不通：在这一年的限制性股票分配中，总裁一个人拿到的股票数相当于其余3万名员工的总和！总裁"奉献"如斯，这样一来，"奉献"这个文化元点就成了假的！于是，天平的一端是孤家寡人，另一端是愤懑众人。

在这里也给各位总裁一个忠告：总裁是企业价值观的第一践行人。如果一种价值观，连总裁本人都做不到，就千万别提出来，因为一旦提出来，总裁就成了员工指指点点的话题，威信尽失，这比不提出来的结果更坏。

文化大三角

什么是"文化大三角"？

构筑文化拼图的基本工具是"文化大三角"，它包括"一个中心，三个基本点"：一个中心即文化元点，三个基本点即目标体系、能力体系、理法体系（见图2-1）。

通常情况下，一家企业在创立的时候，就确立了自己的"初心"，这个"初心"通常就是"文化元点"。然后围绕"文化元点"，拼接目标体系、理法体系和能力体系。事实上，"文化元点"属于"三个基本点"的顶层设计，因此它也必在"三个基本点"的体系中。正如前文所述，企业的使命或 MTP（宏大变革目标）就是企业的"文化元点"，而它就处于目标体系中。

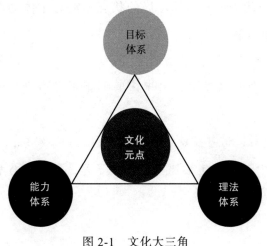

图 2-1　文化大三角

当然，有一些企业会改变"初心"，这就会出现"元点一变，满盘皆换"的局面。

再者，有的企业的"文化元点"是清晰的，有的企业的"文化元点"是混沌的。所谓混沌，是指"文化元点"被隐藏在"文化大三角"的任一体系中。但不管清晰还是混沌，"文化元点"是客观存在的。

企业如果按照"一个中心，三个基本点"的框架去构建企业文化，那么，整个文化就可以是自洽的、自觉的、不缺项的。

我们把目标体系、能力体系、理法体系分别比作局、才、德。把理法体系比作"德"好理解，把能力体系比作"才"也好理解，那么，为什么把目标体系比作"局"呢？

一方面，人们通常所说的"小局服从大局"，就是指"小目标服从大目标"；另一方面，一个人、一家企业，有什么样的目标就会把自己导入什么样的"局"。例如写小说、做牛奶、卖手机、造原子弹，介入的是四种截然不同的局。局的状态影响着主体的活动方向、活动范围、活动结果。

莫言得诺贝尔文学奖，对中国其他作家有刺激。他们在同一个局中。

苹果崛起后，诺基亚就沉沦。它们在同一个局中。

"二战"时，因为害怕德国搞出原子弹，美国快马加鞭。它们也在同一个局中。

....

目标体系

滚着铁环玩耍，玩完还是铁环；滚着磁球奔跑，一路的铁屑都被吸附。

有目标，一切资源自动伺服[⊖]；无目标，一切资源放任自流。

使命、愿景是顶层目标，顶层目标定下来，能力、理法才能配上来。

[⊖] 此处借用的是导弹追踪目标的伺服机制里的"伺服"。"导弹—目标"自动伺服机制是指一个目标确立后，实现它总会遇到各种各样的困难。许多人的做法是，遇到困难就修改目标，因为改动目标最简单。殊不知，目标一动，系统全乱。蒙牛的特点是，不修改目标，只修改手段。因为只要目标坚决，"导弹—目标"的自动伺服机制就使手段自然跟上，一切人力、物力、财力，包括人的思维和情感，都向这一目标"自动伺服"。

变目标就是变局

如前所述,一个人、一家企业,有什么样的目标,就会把自己导入什么样的局中。因此,变目标=变局。

我们来看几个"变局"案例。

案例一:个人变局

"在仓"还是"在厕"

李斯者,楚上蔡人也。年少时,为郡小吏,见吏舍厕中鼠食不洁,近人犬,数惊恐之。斯入仓,观仓中鼠,食积粟,居大庑之下,不见人犬之忧。于是李斯乃叹曰:"人之贤不肖譬如鼠矣,在所自处耳!"乃从荀卿学帝王之术。

资料来源:《史记·李斯列传》,司马迁。

这是一个非常深刻的案例。同为老鼠,在厕所是一种命运,瘦饿脏惊,是"穷鼠";在粮仓又是一种命运,肥饱净安,是"达鼠"。老鼠本身没有差别,只是它们所处的局不同而已。

现在你看看身边的人,有多少人不是搭局之便车,踏上成功之路的?

蒙牛、腾讯、京东、美团,先后制造出一堆千万级、亿级富豪。这些人都有三头六臂吗?非也。当初一样的人,进了这个局的成了富翁,没进这个局的就没成富翁。这是"局定",与个人努力不完全相关。

案例二：企业变局

小米变局，手机生态加汽车生态，在路上。比亚迪的王传福说（2021年6月9日，中国企业家论坛），小米造车，浪费钱是小事，浪费时间是大事。无论王传福的断言能否成真，但这样的言论折射出来的反而是王传福的局小——他还是立足于现在思考未来，用今天的车界推知未来的车界，殊不知未来是个混沌状态，世界之大非你所视，世界之快非你所料，一个未知变量的横空出世就有可能颠覆一整个车界。连基因的发展都不是线性的，都有基因突变——跨越式发展，相对于未来而言，我们每个人今天都坐在井中，不可轻言"井口即天，天即井口"。

格力变局，空调加手机加汽车，目前一笔糊涂账。

360变局，从杀毒收费到杀毒免费，一飞冲天。

蒙牛变局，由"奶比水贱"到特仑苏，让中国牛奶进入品牌时代。

腾讯变局，微信起，飞信落，但同时新浪微博起，腾讯微博落，真是有笑有泪。

柯达没有及时变局，在数码兴起时一退千里。

变局不易，不变局更难。"咬定青山不放松"，曾被许多企业奉为圭臬。但在日新月异的今天，企业唯一的长生之道，就是以变应变，随变起舞。而变之根本，就是变局。接受变局，有胜算，有败算；拒绝变局，只有败算。

顶层目标：使命和愿景

如果说，企业里有一句话是价值连城的，那是哪一句呢？使命。我们来看几个例子。

谷歌的使命："整合全世界的信息"——它把信息管理的位置占满了，你再喊什么能超过它？

樊登读书会的使命："帮助中国 3 亿人养成阅读习惯"——你总不能再喊 4 亿吧？

鄂尔多斯羊绒集团的使命："鄂尔多斯，温暖全世界"——它把温暖的位置也占满了。

蒙牛的使命："每天一斤奶，强壮中国人。"提到"一斤奶"，你首先想到的是谁？蒙牛。提到"强壮中国人"，你首先想到的是谁？蒙牛。它把牛奶的高光占尽了。

所以，使命是第一竞争力。这是企业最应该下大功夫雕琢的一句话。

使命和愿景，往往也是企业的定位。并且，定位是双向的：定位自己，同时也间接定位了别人。当中国圣牧说自己是"沙漠有机奶"的时候，等于说别人是"非沙漠有机奶"；当 OPPO 说自己是"年轻人的手机"的时候，等于说某一主要竞争对手的手机是"中年人的选择"。

有人信誓旦旦地说"使命和愿景不是目标"。这种说法显然是错的。"总目标"也是目标。而且，使命和愿景也有阶段性，不同阶段可以提出不同的使命与愿景，这更加说明了使命和愿景的目标性。

确定使命愿景，既可以就当前业务展望未来，也可以脱离当前业务展望未来。

使命是"客位蓝图"，愿景是"主位蓝图"

使命和愿景是什么关系？

为了区分二者，国内外的争论实在是太多了，然而，即便在理论上做出貌似不同的陈述，一碰到实践的"石头"，就会被"撞"得粉身碎骨：提出的愿景像使命，提出的使命像愿景……于是，争论陷入一个莫名的悖论——由于试图区分二者而使二者更加难以区分。

当然，也有人理直气壮地说愿景是目标陈述，使命是任务陈述，然而这个说法让人更加迷糊：第一，难道有不涉及目标的任务陈述吗？难以想象，一个没有目标的任务还能成其为任务。第二，难道有不涉及任务的目标陈述吗？同样难以想象，一个不含任务的目标还能成其为目标。如果有人说愿景是目的，使命是手段，那就大大降低了使命的崇高意义，这一论调是不值得讨论的。

一个好的理论，就是"以其昭昭使人昭昭"，能够清晰地指导实践；一个不好的理论，就是"以其昏昏使人昭昭"，让人莫衷一是。因此，现在是终结这种争论的时候了！我们把使命、愿景放在同一维度等量齐观。

使命、愿景为什么可以放在同一维度？因为使命、愿景同属奋斗蓝图（奋斗目标），只不过，使命是客位蓝图，即从外视角回答某一社会主体"我为谁"及"终极为什么"；愿景是主位蓝图，即从内视角回答某一社会主体"我是谁"及"终极是什么"。前者是客体角度的"此岸·彼岸图"，后者是主体角度的"此岸·彼岸图"。主、客蓝图不过是盾牌的内外两个面而已,事实上许多企业的使命、愿景干脆就是合一的。我们也提倡这种合一的做法。

我们来看两个实例。迪士尼公司的客位蓝图(使命)是"使人们过得快活",主位蓝图(愿景)是"成为全球超级娱乐公司",二者讲的都是奋斗目标,一体两面,互为因果。腾讯的使命、愿景共用一句话"科技向善",讲的同样是奋斗目标,客位蓝图是"科技·人人受益",主位蓝图是"科技·我益人人"。

顶层目标下面会有分级目标与分时目标。这里不再赘述。

使命、愿景的三大标准——制定使命、愿景的方法论

使命、愿景的三大标准是:蓝图性、激励性、易记性。

使命、愿景要有"蓝图性"。

例如,"取得太空工业的领先地位",这句话怎么样?"蓝"而不"图"。"让一万人移民火星",这句话怎么样?又"蓝"又"图"。这种图像性,具有"烙铁"的功能,可以在人们心中打下烙印。

历史上,"让每个家庭都有一部电话""让每人桌上都有一台电脑",后者虽有模仿之嫌,却因特别具有图像性而像前者一样被人交口相传。

可以从哪些维度确立使命、愿景?通常有两个维度:一是"界面+规模"维度,这叫规模蓝图(侧重愿景);二是"界面+效能"维度,这叫效能蓝图(侧重使命)。其实这也是"属加种差定义法"。

界面是什么?通俗地讲,就是类别、领域。迪士尼的"成为全球超级娱乐公司"是从"界面+规模"维度着眼("娱乐公司"是界面,"全球超级"是规模),滴滴的"成为全球最大的移动出行平台"

也是从"界面+规模"维度着眼("移动出行平台"是界面,"全球最大"是规模),都是规模蓝图;麦肯锡的"帮助杰出的公司和政府更为成功"是从"界面+效能"维度着眼("咨询"是界面但未明确点出,"更为成功"是效能);老牛基金会的"做母基金会"也是从"界面+效能"维度着眼("基金会"是界面,"母基金"是效能),都是效能蓝图。

使命、愿景要有"激励性"。

什么样的使命、愿景具有激励性?既宏大,又形象;既鼓舞人心,又激发行动。要是使命、愿景不能催人奋进,那么,"使命驱动""愿景领导"就是空话。

使命、愿景如何实现激励性?要不凡!最好在"最"字上做文章——通过细分手法,细分再细分,直到找出你可以成为领袖的那个维度,找出你可以用此(支点)改变世界的那个维度,把它定格下来,这就是你的使命、愿景,这就是你欣欣然为之奋斗的蓝图!

《指数型组织》一书提出 MTP,即宏大变革目标(massive transformative purpose),强调的也是企业的使命和愿景要不凡。

想想吧,当谷歌提出"整合全世界的信息"的时候,多么激动人心——"我们这些人,将整合全世界的信息,你想搜什么,就让你搜到什么!"如果谷歌当初提出的是"做搜索行业的领导者",效果可能就差一些。

实际上,被愿景激励的不只是员工,还有用户,员工和用户都可以成为使命、愿景的追随者。

企业领导者要有筑梦能力。自己做梦不叫本事,让大家共同做一个梦才叫本事;让大家共同做一个梦不叫本事,让共同做的这个梦变成现实才叫本事；让共同的梦变成现实不叫本事，让共同的梦所变成的现实具有历史意义才叫本事。

使命、愿景要有"易记性"。

不能让人过目难忘，就不算好的使命、愿景。有的使命、愿景，长达百字，不但记不住，单是读一读就让人感觉负担沉重，这怎么可能刻在脑中、印在心上呢？使命、愿景最好是一句话，并且是让人看一眼就能记住的一句话。少就是多，简单是更高级的复杂。

使命、愿景的上述三性，归根结底是为了实现使命驱动、愿景领导。

创业使命、创业愿景的四条规律

创业使命、创业愿景有几个规律：一是"想"伟大，伟大才来；二是"想"芝麻，西瓜才来；三是"想"无形，有形才来；四是"想"对立，并立才来。

"想"伟大，伟大才来。

华为创立之初，任正非说："20年后华为将是世界级的大公司。"

埃隆·马斯克说："我们应该成为多星球物种，让我们的生命不再局限于太阳系，并最终到达其他星系。"

乔布斯对时任百事可乐公司总裁约翰·斯卡利说："你是想一辈子卖糖水，还是希望与我一起改变世界？"于是，约翰·斯卡利成了苹果的新CEO。

孙正义24岁创立了软银公司，开业第一天他站在箱子上对两名兼职员工发表演讲，宣称五年之内公司的销售额会达到7500万美元，成为日本软件销售业第一，两位员工觉得老板不是疯子就是骗子，在同一天辞职。

这些都属于"想"伟大，伟大才来。

"想"芝麻，西瓜才来。

据《华西都市报》报道，对于创业，马化腾说，"不要一开始就设定宏伟目标，而是把目标放到最低，事情是一点点细致地做出来的""不能指望说要做 10 亿或多少亿，如果我们当初这样想早就死了。这会左右你每一步的动作，接下来你会发现很多细小的事情都不做了，看到服务器有问题也不紧张，老想着 10 亿、100 亿怎么搞，那就完了"。

有句话说，用显微镜是看不见大象的。由此，我们引申出一句话：拿着大耙子是搂不到芝麻的。腾讯起步时"没拿大耙子"，只做一些很简单的服务，2000 年时"没钱发工资"，还差点卖掉 QQ；之后滚动发展，由 QQ 至微信，由微信至生态，至 2021 年，腾讯控股市值一度突破 7 万亿港元。

这属于想芝麻的西瓜才来。

"想"无形，有形才来。

《小王子》的作者安托万·德·圣埃克苏佩里说："如果你想造一艘船，不要招来你的手下收集木材、发号施令或分配工作，相反，去教他们渴望无尽的大海。"

这就是通过"想"无形招来有形。

"想"对立，并立才来。

创业最好站在强者的对立面，否则，你和强者做一样的事，这世界还需要你吗？

而且，挑选对立面的时候，按照商战原则，要在强者不能放弃的优势中寻找弱点予以切入。比如，雷军做手机时，所面对的强者的优势是什么？是线下渠道，占销量的 80%。这个优势，强者会放弃吗？不会。但这个不能放弃的优势也有一个弱点，就是让手机卖价提高了一倍。好，就从强者这个"优中之弱"处切入，雷军做起了互联网手机，把 5000 元的手机卖成了 1999 元！于是，势如破竹！

所以，在竞争战略中，"不同"永远大于"更好"。谷歌在内部立项时会考虑一个重要原则：是否与已有做法截然不同。

一个案例

2018 年 1 月 14 日，我受中国高校创新创业教育联盟投融资专委会秘书长孙焱之邀，与孙焱秘书长、清华大学顾学雍教授、中国海洋大学乔宝刚副院长等人在清华大学一起探讨如何"卖人"——把参加创业大赛的大学生的相关数据转为人才库信息，然后向全社会供应。如何用一句话描述这个使命，或者说如何找一句品牌 slogan 呢？

我的提议是：只输出赛道上的千里马。

提议一出，讨论热烈。有位女士说："腾讯也搞过千里马计划。"

我说，一个使命的理想表达，最好是既有继承又有创新。这种模式应该叫作"万绿丛中一点红"，也可以叫作"属＋种差"定义法，"万绿"是继承、是"属"，"一点红"是创新、是"种差"。"千里马"就是一个"属"，而且是一个超级符号。

腾讯用了"千里马"，我们还能不能用呢？能用。第一，这不是腾讯的专有资产，这是老祖宗传下来的共有资产。第二，腾讯如果让这一概念充分复活了，那我们等于既借古势，也借今势。这与品牌定位中"别人抢先占位，你再占位就等于替别人复习"不同，由于这一概念自古就有且全民共有，没有任何一家企业可以独占。而且有同类案例可以佐证：当年蒙牛、伊利竞争时，也有一笔文化遗产，那就是"天苍苍，野茫茫，风吹草低见牛羊"的草原图腾。蒙牛创立时，伊利已经对草原概念"加热"了20年，但蒙牛接手草原概念时，不但不为伊利所累，而且立刻实现了"而今迈步从头越"，迅速崛起。

也有人说，这句话体现不出培养来，我们想体现出"我们的培养"。我说，讲培养你是跳出不来的，因为从培养角度看，你根本赛不过12年的中小学培养，也比不过4年的大学培养，使命定位要有差异化，你的差异化不在于培养，而在于"赛马不相马"，所以，你要强调赛道——只输出赛道上的千里马。

还有人想往上加一些附加词。我说不要加，加多了就降低了句子的简洁性与表达力，这种句子一般不要超过13个字。

另外，赛道与千里马都非常具象，可以深刻地印入人们的脑海。

最终，我的提议得到了与会者的认可，并且大家开始规划到底有"多少赛道"。

由这个实例（不管这一使命定位最终是否被采纳，方法论是通用的）可以看出，使命定位既要继承高点，又要创造亮点，能短就不要长，能简就不要繁。

"战略就是做正确的事"是个伪命题

这十多年来，我一直认为"战略就是做正确的事"这一说法不成立。

2007年，在与埃森哲的咨询专家讨论战略事宜时，我提出管理界流行的"战略就是做正确的事"是个伪命题。

2009年，我把这个思想总结成文——

"战略就是做正确的事"是个伪命题

1. 内容提要

在充满不确定性的环境中，80%的战略决策在"出发"时是可正可负的，也就是说其本身无所谓正误，无所谓是非。任何一个战略，都不是先验的，而是后验的。战略决策是对或然性中某一自我期望的可能性的选择，并把这一可能性通过一系列实践推导为现实的过程。

2. 正文

有人说："战略就是'做正确的事'，实施就是'正确地做事'。"这个观点对不对？

我认为，"战略就是做正确的事"是个伪命题，中看不中用，中听不中使！

何以见得？因为它面临着两个难以绕开的问题。

第一，标准问题。

众所周知，实践是检验真理的唯一标准。战略是指向未来的。尚未实践，何来"正确的事"与"错误的事"之判定？

也许有人会反驳说：是根据过去之实践来推知未来之正确。可是，"老实践"真的能推知"新真理"吗？未必。俄国十月革命的"城市中心"，并不能推知中国革命的"农村包围城市"。同理，牛顿力学也不能推知爱因斯坦的"相对论"。过去并不能指向未来，未来才能指向未来。

实际上，一切都在未定之中。今日之大企业大品牌固然有一条底线，那就是只冒不死之险（这点不同于小企业，小企业成本低，可以冒"不成功，便成仁"之险），但一个战略决策，如果等到100%正确了才敲定，那也就没有机会了。有可能只要有50%的胜算，或者只要有30%的把握，甚至只要有10%的可能，你就得"提前上路"了。

第二，或然性问题。

随着时代的推进，人类社会的发展速度越来越快，万事万物排列组合的可能性越来越多，同始异终、异始同终的"或然性"越来越大。也就是说，同样一个起点，在经历了许许多多的中间环节后，可以有千千万万个不同的终点；不同的起点，在经历了许许多多的中间环节后，也可以有共同的终点。举两个简单的例子：一是同始异终，如同样的古猿，有的发展成了猩猩，有的发展成了人类；二是异始同终，如生产一只羊，古代只能交配，近代可以授精，当代可以克隆，未来也许能够合成。所有事物都是这样。这意味着我们所处的世界越来越充满不确定性。在充满不确定性的环境中，80%的战略决策在"出发"时是可正可负的（即80%的战略决策在事前无法判断其属于所谓"做正确的事"还是"做错误的事"，实施得好它就做成了即"可正"，实施得不好它就做不成即"可负"），其本身无所谓正误、无所谓是非；任何一个战略决策的成败，很大程度上并不取决于战略本身，而取决于在实施中做出的一次次实时反应的总和，取决于这一系列实时反应是否瞄准大概率事件（在多大程度上合时、合势、合理、合人）。也就是说，多半是"实时反应的总和"

决定了成败，而非"战略自身"决定了成败。所谓正确的战略，只能是一种事后评价，而不能是事前评价。"战略就是做正确的事"实际上是一种倒果为因的论断。

根据这两个问题，我们就可以断言"战略就是做正确的事"是个伪命题。

那么，战略是什么？

战略是对或然性中某一自我期望的可能性的选择，并把这一可能性通过一系列实践推导为现实的过程。

3. 附录

关于"战略就是做正确的事"起源的探讨

"战略就是做正确的事"，这句话显然起源于彼得·德鲁克的"效能—效率"论。数十年前，管理大师彼得·德鲁克曾经说过："效率是'以正确的方式做事'，而效能则是'做正确的事'……我们首先应着眼于效能，然后再设法提高效率。"当然，沃伦·本尼斯也说过类似的话："领导者是做正确事情的人，管理者总是用正确的方式做事。"据此得出"战略就是做正确的事"，不知是大师之误，还是对大师的误读。

麦肯锡资深咨询顾问奥姆威尔·格林绍曾说："我们不一定知道正确的道路是什么，但不要在错误的道路上走得太远。"

也就是说，只有通过"走"的实践，你才能分清正确与错误。彼得·德鲁克自己也承认"21世纪唯一不变的就是变化"。

在变化的世界中，战略的成败很大程度上不取决于战略自身，而取决于战略演变。

最后，我把以上讨论归结到一个寓言《猫箱》中。

猫箱

猫被锁在"问题箱"里。怎样才能出去呢？

桑代克告诉它："我发明了'试误说'——你只要不停地乱踩，在千百次的'尝试—错误'之后，你会蓦然发现，有一个地方叫'开关'，一踩这个'开关'，门就打开了，你就出去了。"从此，猫记住了这个开关，也就学会了"出箱"。

彼得·德鲁克告诉它："我发明了'做正确的事'——你可不能乱来，你一定要先分清哪个是'开关'哪个不是'开关'，以及哪个是'真开关'哪个是'假开关'，只踩'真开关'，不踩'假开关'，一脚下去，保你出去。如果你还没认清'真开关'之所在，就在那里胡乱出脚，那只有上帝保佑你了。"

我告诉它："我发明了'试大说'——你做任何一件事，都是可正可负的，最能快速导向'正'而不是导向'负'的关键，只有一个，就是你的'实时反应'是否瞄准大概率事件，准确地说，是否瞄准主观大概率事件。为什么是'主观大概率事件'？因为连判断大概率这件事本身也是具有或然性的，也属于对或然性中某一自我期望的可能性的选择……"得！谁知道未来，谁就是上帝。谁也不是上帝，因此我们只能按我们预测的或然性行事。

把公司的事变成员工自己的事

现在我们来探讨一下个人目标与组织目标的关系。

个人目标和组织目标不可能完全重叠，但"双赢"则是必需的。

一个组织，必须兼顾两个界面：顶层设计界面、基层首创界面。

关于基层首创，现在有个词叫"涌现"。什么是"涌现"呢？就是集群效应。

一个人在组织中，必须设定与组织相关的两类目标：一类叫规定目标（组织给个人规定的目标），另一类叫自选目标（个人给组织增设的目标）。相应地就有两种动作：规定动作和自选动作。不能实现"规定目标"，组织就不会需要你；不能实现"自选目标"，组织就不会渴求你。

被需要与被渴求处于两个不同的层级。被需要只是胜任，被渴求意味着卓越。

作为企业，如何实现企业目标和个体目标的重叠最大化？牛根生给出一个很好的答案——让"为自己干"控股。

让"为自己干"控股

怎样才能使员工更快乐？让员工为自己干。我们要把为自己干和为企业干结合起来。51%为自己干，其余的为别人干、给单位干。也就是说，要让"为自己干"控股。

为别人干，稍有不顺，便会牢骚满腹；为自己干，即使赔了，也是有悔无怨。

有一年我们雇工程队处理草坪。工程很急，起初几天按天数算工钱，工程队每天最多处理6000平方米。后来加入了包产理论，按完成的面积算工钱。结果，第二天就突破了1万平方米！人还是那些人，机器还是那些机器，草还是那些草，但就因为制度不一样、态度不一样，工作完成速度也就不一样了。

从历史上看，在权力和利益面前，有时连父子关系、兄弟关系都靠不住。所以，我最放心的就是让员工"为自己干"。

一个企业有没有竞争力，关键取决于员工；员工有没有竞争力，工资水平是核心要素之一。这是"原始的核动力"。谁把"原始的核动力"搞下降了，谁的市场地位就会每况愈下。

一个注重竞争力的企业，一定会把员工收入的增长列为第一优先的财务指标——员工由于热爱工资指标，进而会热爱企业的其他指标，这样才能上下同欲，最终实现同步增长。

人才供求是遵循价值规律的。当员工收入指标优先于其他指标的时候，意味着你总是能够"购买"到略高于企业自身发展水平的人力资源，反复循环的结果，就是你的企业发展水平越来越高，形成了一个"向高循环"的良性系统；反之，当员工收入指标落后于其他指标的时候，你就会进入"向低循环"的恶性系统。

"工资级差"，最终造成的将是"人才级差"；"人才级差"，最终造成的将是"企业级差"。

我经常说一句话：请来绵羊，一千只也不行；请来狮子，一头就管用。

资料来源：牛根生博客。

我们也能观察到这样的"秒变"现象：同一个人，在为别人打工时，周一不想上班，周五盼着下班。可是，在他自己当了老板后，周五不愿收摊，周日等不及周一。为什么？这说明后者形成了一种

"为自己干"控股的机制，而前者缺乏这一设计。所以，公司要想兴旺，一切设计必须围绕这一条"根"——让"为自己干"控股。这样，员工、合作者才能自动自发地与企业共同发展。

目标倒推

目标的确定有两种模式：一种是正推法；一种是倒推法。

从中国乳业黄金十年的发展过程来看，蒙牛用的主要是倒推法（放胆定目标，回头定路子），其他企业用的多是正推法（在上年基数之上增长10%～30%），所以，蒙牛"一头牛跑出了火箭的速度"。

在《要想知道，打个颠倒》一文中，牛根生这样阐述"目标倒推"——

人的导向模式有两种，一种是"原点导向式"——从现有资源出发，正向推演，步步为营，如同笑话《一个鸡蛋的家当》所言的那样：一蛋生一鸡，一鸡生多蛋，多蛋生多鸡，多鸡换一牛……另一种是"目标导向式"——从目标出发，反向推演，步步链接：倒推资源配置，倒推时间分配，链接战略战术，链接方法手段……不问我的一双手能干多少件事，唯问移泰山需要多少双手；不问我的一口锅能煮多少斤米，唯问劳千军需要多少口锅；不问我的一盏灯能照亮多少里路，唯问照亮天下需要多少盏灯！

两点之间，直线最短。目标导向式，就是在原点与目标点之间架起最短的桥梁。臭皮匠与诸葛亮之间有什么区别？一提到箭，臭皮匠想到的是砌多少铺子，砍多少竹子，铸多少模子，诸葛亮想到的却是"草船借箭"。

市场竞争，资源互动，人无边界，财无边界，物无边界，你中有我，我中有你。目标的诞生，不仅是个抱负问题，也是个方法问题；目标的伺服，不仅是个机械过程，也是个能动过程。"原点导向式"，先点兵后打旗，捡到篮里才是菜，从有做有；"目标导向式"，先树旗后招兵，没到篮里也是菜，从无做有。有的人在广阔天地无作为，有的人在螺蛳壳里做道场，心大天也大，志阔地也阔。古人讲"善假于物"，只会用自身肢体作战的是低等动物，能够用十八般武器开战的才是高等动物。只会盯着脚尖就事论事属于一般智慧，能够运筹千里谋定而动才是高级智慧。

　　目标倒推，由于其"先树旗后招兵""从无做有"，所以，就如同抱着一块磁铁穿行于人间，一路上，无数铁钉，无数铁屑，滚滚而来，自动伺服，最终聚成一座铁山。但是，如果没有这块磁铁，将会怎样呢？纵使日行千里，还不是两手空空，一根铁钉不来，一丝铁屑不至，徒然路过，根本不会有"自动伺服"。

能力体系

　　没有能力，一切等于零！
　　企业文化不是道具，而是本领。能力是文化发展水平的标志。
　　没有能力就没有人的伟大、企业的伟大、国家的伟大。

"光靠精神不能赢球，还必须技术过硬"

　　当全国人民都在大谈"女排精神"的时候，主教练郎平却在夺冠后的新闻发布会上说出了这样的话："不要因为胜利就谈'女排精神'，也要看到我们努力的过程。'女排精神'一直在，光靠精神不能赢球，还必须技术过硬。"

能力是文化发展水平的标志

这里首先要解决一个认知问题：为什么要把能力体系纳入企业文化范畴？

让我们追溯一下人的本质。人因何为人？有的说只有人能制造和使用工具，有的说只有人能进行抽象思维，有的说只有人能使用语言文字，有的说只有人能虚构故事，有的说只有人能大规模协作……无论强调什么，无一不是以能力为衡量标准的。能力是人类文化发展水平的标志。

那些天天喊文化的企业，只要它们没有把能力纳入企业文化的范畴，那么，即使喊上一万年，也摆脱不了"巨人堆里的矮子"的尴尬境地！

实际上，一提到伟大的企业，我们首先想到的就是它的能力，以及由此给世界带来的伟大变化。提到微软，我们首先想到的是它的软件能力；提到谷歌，我们首先想到的是它的搜索能力；提到华为，我们首先想到的是它的5G能力……而且，这些能力让它们在细分市场上近乎处于垄断地位。企业文化必须成为生产力的发动机！

所以，"文化大三角"要把"能力体系"纳入企业文化范畴。

虽然在文化界，有人曾用二分法把文化分为人文文化与科学文化两部分，但在企业文化研究方面，人们往往忽略了"科学文化"这一分支。有的人把企业文化扩大到了物质层面，但耐人寻味的是，即便是这种扩大化的定义，对能力也语焉不详。今天我们可以明确地得出这一结论："文环"如果没有能力的循环，那么下一代比上一代站得高几乎就是一种空想。

理论是一回事，实践又是一回事。企业家们可不含糊，他们知道自己吃饭的家什在哪里。在《中国企业家》2017年"实体经济如何破局"的"两会"调查中，300多名企业家为未来能够冲出重围的企业做了一幅"画像"——在科技时代、互联网时代，什么样的实体企业会取得成功？受访企业给出的答案中提到最多的就是"核心技术""核心竞争力"。

核心竞争力："现在时"还是"将来时"

如今，核心竞争力这一概念越来越不流行，因为现在是一个整合社会、联盟社会、协作社会、共享社会，你所没有的任何能力都可以通过整合与共享纳入自己的囊中。但这里面有一个悖论：凭什么优先进行整合的是你，而不是别人？还不是因为核心竞争力！这就说明，核心竞争力虽不流行却仍然有它固若金汤的地位。

但核心竞争力只是一个"现在时"概念——即时概念、当期概念、相对概念，这一刻有效的核心竞争力，绝不意味着下一刻还有效；在这个地域构成核心竞争力，并不意味着在另一地域也构成核心竞争力。为此，我曾专门写过一篇文章。

我的"核心竞争力"观——兼与"五不论"商榷

有人说,核心竞争力具有"偷不去,买不来,拿不走,拆不开,溜不掉"的特点。

真的是这样吗?

其实,人与动物均从模仿起步。狮、狼、虎、豹扑食,要从模仿它们的长辈开始,否则,虽有尖牙利爪,也不能撕兔剖羊。一个人呱呱坠地,即开始模仿,模仿言语,模仿行走,模仿感情,模仿思维,模仿行为……模仿是可以形成核心竞争力的,比如微博模仿推特。

核心竞争力具有三性:垄断性、当期性、综合性。

核心竞争力具有当期性,所谓"偷不去,买不来,拿不走,拆不开,溜不掉"的说法并不确切。衡量核心竞争力不能用"将来时"观点,而要用"现在时"观点。用"将来时"观点来衡量,可以说任何所谓核心竞争力都不应成其为核心竞争力,因为总可以成为与别人共享的东西。所以,需要用"现在时"观点来衡量,只要此时此刻还不为竞争对手所具备,而又是我最重要的竞争优势,那它就是我此时此刻的核心竞争力。而下一刻如果其被对手"偷去了""买走了""拿掉了""拆开了",或自我"溜掉了",那么,就可以说,旧的核心竞争力消失,需要建立新的核心竞争力。

的确,垄断是核心竞争力的题中之义,但对于"垄断"的判定,人们从来都是用"当期"的观念——当期垄断我们就称其为垄断,而不会用"未来"的观念——不会因为"下一刻可能不垄断了"就否定当前的垄断。

《西游记》中铁扇公主的看家本领就是用铁扇扇人，连孙悟空都束手无策，大概没人否定"铁扇就是铁扇公主的核心竞争力"这一观点。但铁扇是可以被"偷去"的，能够被"拿走"的，也许会"溜掉"的，可能被"拆开"的，甚至可以"买来"的——只要铁扇公主愿意出售。而且后来铁扇公主的确失去了铁扇，乖乖就擒。

故事是假的，但道理是真的。核心竞争力具有"当期性"——只要这一秒铁扇还在铁扇公主手中，就构成了她的核心竞争力；下一秒铁扇易手他人，就不再构成她的核心竞争力。

人可以死去，技术可以老化，知识可以共享，行为可以模仿……有什么东西是一成不变的？承认核心竞争力的可变性，就不能不承认核心竞争力的相对性、即时性、当期性，即"现在时"观点，而不是"将来时"观点。检验个人历史有个标准：当时是正确的就是正确的。这句话也可以用到检验核心竞争力上：当时是核心的就是核心的。

正因为核心竞争力具有当期性，所以，"今天才在高峰，明天忽在低谷"，这样的戏剧性场面并不鲜见。要么自我革命，要么被人革命，没有第三条道路。

创新的两个单元

后来居上是历史发展的总规律。后来居上靠什么？靠创新。

对于企业来说，通常通过两个单元的创新来打造自己的核心竞争力。第一个单元是技术创新，第二个单元是商业模式创新。

我认为，技术创新主要是生产力的革命，商业模式创新主要是生产关系的革命。从中外企业的成功实践来看，技术创新难度大，商业模式创新难度小，因此从量上来看，前者所占比重可能小一些，后者所占比重可能大一些。或者从另一角度讲，发达国家中靠技术创新脱颖而出的企业可能相对多一些，发展中国家中靠商业模式创新脱颖而出的企业可能相对多一些。

中国乳业为什么此消彼长，就与技术创新与商业模式创新的叠加密切相关。中国乳业最早是光明和三元的天下，当时主要用的是巴氏杀菌技术，牛奶只能保存48小时，构筑的是"同城生态圈"。蒙牛和伊利为什么能崛起呢？就在于它们用的是UHT灭菌技术，牛奶可以保存6个月，销售半径大为扩张，一包牛奶可以千里万里飞奔而不再局限于某一城市，博弈框架得到百倍级的放大，构筑了"同国生态圈"。"同国生态圈"颠覆了"同城生态圈"。再下一步就是"同网生态圈"（见图2-2），互联网技术让博弈框架再次得到百倍级的放大，至于这一生态圈里谁是后来英雄，我们拭目以待。

图 2-2　中国乳业的三次迭代

商业模式的"双心结构"

什么是商业模式？

我对清华大学的朱武祥和北京大学的魏炜两位教授对商业模式

的定义印象深刻，即"利益相关者的交易结构"，流行的"商业模式画布"是对这种交易结构的具体化。但我认为这个定义有改进的必要，它对利益相关者的主次关系未做区分——在商业关系中，对集群对象不做重点与非重点、关键与非关键的区分，就意味着没有解决"四面大海，航灯在哪儿"的问题。

为了解决这个问题，我提出"双心结构"——商业模式是具有"利他利我双核心"的博弈框架。

让我们回到简易原则上来：商业的根本问题是——你要通过利谁来实现利我？换句话说，商业成立的前提是形成两个核心，即"利他核心"（为谁服务）和"利我核心"（谁来服务），这相当于椭圆的两个焦点，缺一不可。这两个利益相关者居于核心地位，其他利益相关者之间的交易都是由此衍生出来的，无不围绕焦点运转，居于从属地位。

第一个问题，为什么要强调"利他利我双核心"？这就要回到商业的本质。商业的本质就是以利他为代价的利我，这是一种互利的交换机制。抢劫框架不是商业模式（只有利我核心），诈骗框架不是商业模式（只有利我核心），捐赠框架不是商业模式（只有利他核心），义工框架也不是商业模式（只有利他核心），只有互利框架才是商业模式（具有利他和利我两个核心）。你要通过利谁来实现利我？这是商业模式的根本问题。

第二个问题，为什么要强调"博弈框架"？这就要正视竞争的本质。竞争的本质就是优胜劣汰。在一个商业模式中，只有利他和利我这两个核心之间力求正和博弈，其他相关方则正和博弈、零和博弈、负和博弈参差不齐（且都无可非议）。换句话说，双核心的利益凌驾在其他一切交易方的利益之上。如果必有牺牲，双核心之外的其他交易方的利益皆可牺牲；即使不必牺牲，双核心之外的其他交易方的利益也皆可压缩。比如，对供应商可以压价、可以减购、可以淘汰，而不必管它的死活，因为你可以找到更好的供应商。我之前推崇一句话"最好的游戏规则是让每一个参与者都赢"，现在想想，不太现实，这等于取消竞争。

有一个案例特别具有说服力。有一个名不见经传的中国传音公司，被誉为手机界的"非洲之王"，因为它居然在非洲大陆占据了40%的市场份额，全面碾压了其他大牌……它是怎么做到的呢？胜就胜在"利他核心"的指向明确上——传音公司专门针对非洲人民的痛点，解决了"黑脸自拍"不分明的问题，结果在非洲"独霸一方"！传音公司的博弈框架中有没有其他交易方呢？当然有，还很多，比如材料商、广告商、卖场等。是其他的交易方让传音公司跳出的吗？不是。其他交易方甚至是传音公司与众多手机制造商共享的。让传音公司跳出来的，就是"解决非洲人民的自拍问题"这个利他核心。这样，我们从这个案例中就更可以清晰地看出商业模式应该在什么地方发力了。

伟大基因 = 垄断基因 = 独家能力

提前交代一句：此垄断非彼垄断。2021年4月10日，阿里巴巴由于"二选一"被罚182.28亿元。"二选一"式的垄断，直接违背了阿里巴巴的使命"让天下没有难做的生意"，反而变得"让天下生意难做"。这是造祸式垄断。我们这里所说的垄断基因是指造福式垄断，它只有一个含义：独家能力——在某一细分市场上，世界上谁的服务能力都比不过我,唯我独尊!

伟大企业的"基因",唯"垄断"而已。

2020年9月4日,腾讯微博官方发布公告称,腾讯微博将于2020年9月28日关闭!感慨之余,我于9月6日写了下面这篇文字,阐述了在"线上文明时代"企业需要什么样的能力。

腾讯微博死了!

腾讯微博之死,向我们说明了一个什么道理呢?

不垄断,毋宁死!

所谓核心竞争力,换个说法,就是"垄断"。

所谓伟大企业的基因,说白了,说到底,其实只是四个字:"垄断基因"。

不是全面市场的"垄断"(世界上本没有所谓"全面市场",任何一个市场都是更大市场的细分市场),而是指一个足够大的细分市场的"垄断"。

"垄断"不是贬义上的资本盘剥,而是褒义上的独家能力——在这个细分市场上,世界上谁的服务能力都比不过我,唯我独尊!

不"垄断"的线上企业,没有活路。

微信确立地位后,挑战者皆死。

来往死了。

子弹短信死了。

马桶MT死了。

还会有一大堆挑战者,还会"尸痕累累",除非你在独立区隔的细分市场上发起挑战。

陌陌活了，因为它独立区隔出一个细分市场：陌生人的社交。

支付宝做大后，微信支付为什么还可以风生水起？

因为微信支付是细分市场的老大：社交支付。

线上产业只认老大。

新浪微博第一，腾讯微博难道连第二也做不了吗？

也许能做。但对于腾讯来说，做第二没有意义。因为在这个市场上，第二和第一不是"碗"和"锅"的区别，而是"碗"和"海"的区别，甚至是"失血"与"造血"的区别。

线上产业和线下产业不同，线上产业是真正的赢家通吃，第一无限大，第二与之后所有"第n"之和趋向于无限小！

除非你能烧钱，一直烧到"耗死"第一，但这是小概率事件。

有人说，腾讯微博不是曾经当过老大吗？这难道不是"垄断"吗？

不是。因为腾讯微博冲到老大，不是自然增长的老大，而是"人工充胖"的老大——利用QQ的巨无霸地位导流的结果。

导流所得的过客式用户不是真正的用户。除非你的产品成熟到一用难弃，黏住就甩不掉。

腾讯所犯的"人工充胖"的错误，不止一件。比如，与360竞争时，利用QQ捆绑"QQ医生"达QQ用户量的40%，却因产品不成熟而遭卸载成10%。

脸书的子产品也有过因导流"虚胖"而"暴瘦"的案例。可见，中外同理。

马化腾说，微信没有借用QQ的流量。我相信这是真话。

线下产品虽然与线上不同，但"垄断"仍然是伟大企业的基因。

在与中国圣牧交流时，我说："为什么我认为中国圣牧有成为伟大企业的基因？因为在'沙漠绿洲有机奶'这个细分市场上，你是全球唯一。"

没有"垄断"基因的企业，可以低质量地存活，但在找到"垄断"之路前，无法成为一个伟大的企业。无论线上，还是线下。

强大如腾讯者，尚且不得不放弃别人已经"垄断"的领域，何况不如腾讯者乎？所以，可"垄断"，去开辟；不"垄断"，勿干熬。

理法体系

理法体系是思想与制度的总和。

原理、理念、价值观属于什么范畴？思想范畴。

系统、模式、规则属于什么范畴？制度范畴。

你敢让员工唱反调吗

先从一个话题说起，对于员工的牢骚或反对意见：是宽容，还是零容忍？

我们来看三个企业的实践。

《中外管理》曾经登过一篇皇明太阳能董事长黄鸣的谈话，其对员工牢骚是保持零容忍的态度。标题为本书作者加。

独裁型文化：谁质疑谁离开

从 2000 年到 2004 年间，很多元老质疑我们的战略和文化。我当时安抚、忍让了这些元老。后来，我渐渐明白了：战略和文化谁也不能质疑，质疑的人必须走。

刚创业时，我招聘了一批刚毕业的大中专学生（这批毕业生并非来自名校，那时名校学生没人愿来）当业务员。他们什么也不懂，我这个老师说什么他们就做什么，结果出乎意料地成功。后来，这批学生成为太阳能营销专家，思想就开始混乱，议论抱怨开始增多，战略战术开始不执行。企业内部两条"路线斗争"十分激烈。我多次在大会上苦口婆心劝导某些执迷不悟者，恨不得把心挖出来给他们看。

后来，我听了GE（美国通用电气公司）原CEO杰克·韦尔奇的讲话：有三种人不能用，而最有害的是第三种人。这种人在团队里有经验、有能力、有影响力，但不认同文化。我听后豁然开朗。《基业长青》中也讲到，百年企业都应是由有共同理想追求、共同的价值观的人组成。而公司里这种有经验、有影响力的"元老"们目前正起着涣散军心、扰乱视听、使团队偏离正确航向的恶劣作用，应该坚决将这部分人清理出去。

2004年年底，集团当机立断调整领导班子。2005年至2006年，企业发展进入一个新的快车道，人数减少了20%，销售额增长了近一倍，利润增长了数倍。现在，我们反而对自己的使命、价值观非常清楚。只要你公开质疑我的文化，你就离开，没话讲。

这种零容忍文化好不好？如果老板有道，则"以有道评无道"，未尝不可；但如果老板无道，则"以无道评有道"，企业危矣！

我们再来看腾讯的包容文化。

打擂型文化：谁行谁操盘

腾讯文化很包容，以正向激励来带动整个团队。

腾讯在内部讨论事情的时候，甭管职位高低，一定有人站出来敢和老板叫板，这种氛围很关键。张小龙敢持续对老板说"NO"，他说："我自己知道微信上好几个产品特性，即使老板施压，也不会改变微信的核心交互和视觉选择。最终大家要讲理由，为什么这个不能改，那个能改。在每一个理由里，大家都用逻辑思维来考虑这件事情的时候，房间里就充斥着理性，而不是权威和职务，这挺重要的。"

我举一个反面的例子，如果大公司对方法论和格局的判断，不是交给实际做产品的同事，而是自上而下去强推，会发生什么？当年我还在微软时，2005～2006年期间，发生了一件事情。公司请了一个非常贵的咨询公司，给微软，尤其是给我所在的部门，也就是MSN做战略规划。咨询顾问提出的建议是：微软只有一个品牌叫Windows，所以不要有任何东西偏离Windows，要聚焦在Windows品牌。基于这个逻辑，后来MSN改叫Windows Live Messenger，按照Windows来做交互和视觉。整个微软MSN产品线大概有两年处于停滞状态，去改UI和理念。这在事实上就不是以用户体验为目标的，而是以所谓的品牌一致性为目标。

到了2010年的时候，MSN的市场份额急剧下滑。一个错误的决策，证明它的错误用了5年时间。但结果已经不能改变。战场和历史不能重来。一定有少数人能看到这个错误，但当他们的声音不能被听到的时候，就是灾难性的结果。

资料来源：正和岛，《为什么腾讯每次遭遇瓶颈，定会杀出一个团队，改变公司格局？》，郑志昊，2017年7月10日。标题为本书作者所加。

"独裁型文化"并非一无是处，它也有适用的条件。但今天的常态文化应该是"打擂型文化"。"打擂型文化"首先是一种"万花筒文化"。

许多年前，美国密歇根大学社会研究院提出过"牢骚效应"，即凡是公司中有对工作发牢骚的人，那家公司或老板一定比没有这种人或有这种人而把牢骚埋在肚子里的公司要成功得多。

同样是在许多年前，美国庄臣公司总经理詹姆士·波克提出过"波克定理"——只有在争辩中，才可能诞生最好的主意和决定。

这种争辩的好处，我们从华为的案例中可见一斑——

2018 年，华为在全球卖出超过 2 亿部手机，出货量稳居全球第三，但少为人知的是，在 2002 年之前的好几年里，华为坚决不做手机。在一篇回忆文章里，记录了这样一个细节：在一次无线产品线讨论会上，一位员工表示，华为应该尽快立项 3G 手机，否则会失去巨大的市场机会。任老板一听，拍桌子说：华为公司不做手机这个事，已早有定论，谁又在胡说八道！谁再胡说，谁下岗！

资料来源：微信公众号"冯仑风马牛"，《用着苹果、华为、小米……的你，还记得小灵通吗？》，作者毛洪涛，2019 年 5 月 28 日。

我查阅了上观新闻对华为当事人张利华的采访报道。据张利华回忆，那时候华为只做 3G 设备，不做 3G 手机，她于 2002 年 10 月底提出"华为应尽快立项 3G 手机"的新产品创意时，受到任正非的拍桌申斥；但任正非自我否定得很快，2002 年年底，当张利华在会上再次汇报时，任正非当即表态："纪平，拿出 10 个亿来做手机。"（当时纪平负责财务。）后来我们知道了，华为手机强势崛起。

华为的案例也告诉我们，在争辩中，只有谁是谁非之分，没有谁大谁小之分：在争辩中，总裁和每个员工都是平等主体，否则，许多创意将胎死腹中。

大疆的汪滔在办公室写道："只带脑子，不带情绪。"

思想：越思越响

思想，思想，越思越响！

为什么思想需要碰撞？因为每个人都有盲区，都需要借助别人的"眼睛"来延长自己的"视线"。

有思想碰撞就能消灭盲区吗？不能。"盲人摸象"是人类走不出的梦魇。过去的"盲人摸象"是因为看不见，是被动的结果。现在的"盲人摸象"，是主动的结果——上了网，你有选择信息的权利，智能匹配又给你推送你想看的信息，结果，喜欢看头的人只看见头，喜欢看尾的人只看见尾，其他的统统视而不见，或者压根儿不让它出现在视野中。这就是"选择性看见"或"选择性碰撞"导致的"后真相时代"。

思想，与其说是一个人的发明，不如说是许多人的迭代。

"思想杂交"是思想迭代的重要方式。"思想杂交"的主场所过去是聚会地，现在是互联网。那些认为深度工作需要切断互联网的观念未必可取，因为深度工作除了冥思，还要"杂交"。惊天动地的思想通常出自"杂交"。

过分强调深度社交也是可疑的，强调者以为今天还必须像18、19世纪那样混迹于咖啡馆才能催生新思想（即便那时候，咖啡馆也只是一个代表性场所，更广泛的思想出自田野与企业）。事实上，互联网时代真正实现了古人所说的"秀才不出门，便知天下事"，你不必非到咖啡馆去，就可以获得千倍、万倍于咖啡馆的信息，实际上，令你苦恼的不是信息匮乏，而是信息过剩。

对于那种强调系统学习而非议碎片化学习的观点，最多只能给一个"中评"，因为它事实上属于"对谬体"：说它"对"，是因为碎片化学习不能取代系统学习；说它"谬"，是因为碎片化学习无论对谁而言都是"触媒"。对于拥有该知识体系的人而言，这些碎片是"升级触媒"；对于未拥有该知识体系的人而言，这些碎片是"导入触媒"（使他们获得了拉开整个"线团"的一截"线头"）。而且，何谓"碎片"，何谓"系统"？碎片即系统，系统即碎片！怎么讲？任何一个系统，都是更大系统的碎片；任何一个碎片，都是更小碎片的系统。例如，句是篇的碎片，与此同时，句又是词的系统。

不管怎么说，思想发达的企业将走在前面。无他，大脑多转几圈，腿脚才能少转几圈；多转无形之圈，才能少转有形之圈！思要全，行要尖。凡思维，每思不过演练，不可不全；凡行动，每行必有代价，不可不尖。

别忘了，凡是人类的目的性成果，都要经历两次创造：第一次是"纸上谈兵"（理论），第二次是"地上交兵"（实践）。先想透了，再做透了。

最后用我记录的一位两岁半的小女孩与她妈妈的一段对话来结束本节。这段对话，我给它起名叫《思想的边界》。

妈妈："将来是不是要挣钱钱？"
女儿："要挣好多钱钱。"

妈妈:"挣了钱钱会不会给妈妈买东西?"

女儿:"给妈妈买车。"

妈妈:"你准备给妈妈买什么车?"

女儿:"给妈妈买扭扭车。"

价值观:管头管尾

先解释一下标题:"管头",就是领头人要兑现价值观;"管尾",就是制度要对价值观进行保底。

价值观,顾名思义,就是对事物价值所持的观念。因此,行动上就会优先选择价值大的,其次选择价值小的。但学术上不可以这么循环定义。

价值观是什么

价值观是主体对事物的褒贬与取舍。

价值观具有二重性,它是一个阴阳交互体:阳面,理论层面的褒贬,是为理想价值观;阴面,现实层面的取舍,是为现实价值观。

褒贬。主体面临理论情境时,会有褒贬——好比一条数轴:正数序列是不同程度的褒,负数序列是不同程度的贬,零是不褒不贬的中间状态……两数相遇,必有一大,大为先,这是褒贬排序。褒贬排序通常发生在"二元背反"之间,例如诚信与非诚信;也可以发生在未必有背反的多元之间,例如对诚信、创新、绩效三者进行排序,又如罗基奇的价值观调查表○让受试者对 18 项目的性价值观

○ 罗基奇价值观调查表是美国行为科学家罗基奇等人 1967 年研制的个人价值观调查表。

和 18 项工具性价值观进行排序。理论上这种排序可以在无限"元"之间展开，形成理想价值观体系。

取舍。主体在面临真实情境时，会有取舍——权重大的，取；权重小的，舍；难取难舍僵于中间的，则会出现"避"——例如投票时弃权，表态时沉默。

现实价值观与理想价值观多数时候是一致的，但有时候也会不一致。比如，会不会拾金不昧？问卷状态下，某一人群有 80% 说会；但实践状态下，做到者可能只占 60%。这表明，大约有 20% 的人后来发生了逆转。即便是同一个人，第 n 次实践状态与问卷状态相一致，并不代表第 n+1 次也是一致的。而且我们也不能排除另外一种情况的存在：有的人表态"不会拾金不昧"，但在实践状态下反而拾金不昧。关键在哪儿呢？褒贬是岸，取舍是水，水可蚀岸。所以，理想价值观是一回事，现实价值观又是一回事。这充分揭示了人类价值观的复杂性、动态性和矛盾性。当然，如果用法律规定拾金不昧者有 10% 或 20% 的取偿权，则更加人性化。

当然理想价值观和现实价值观是可以相互诱导的："有什么样的价值观就会有什么样的行为"是大概率事件，"有什么样的行为就会有什么样的价值观"也是大概率事件。

但是，越来越多的事实证明，直接改变价值观很难，通过改变行为来改变价值观相对容易。所以，企业不去讲道理，直接颁布一些硬性行为规范并非不可。有时候，一千个道理抵不过一个行动，与其天天讲"不要在公共场所吸烟"，不如干脆来硬的：谁在公共场所吸一支烟，就向公共健康基金捐款 300 元，以弥补他对大众健康的伤害！

思想与行为的关系类似于磁电转化，思想如磁，行为如电，磁可生电，电可生磁，思想可以诱导行为，行为可以诱导思想。

行为诱导态度

在一份发表于2010年的报告中，丹娜·卡尼（Dana Carney）、艾美·库迪（Amy Cuddy）和安迪·叶（Andy Yap）要求参与实验的人摆出两个造型，每个造型时长为1分钟。半数的参与者被要求摆出肢体伸展，表示"强大"的造型；另一半参与者则被要求摆出肢体蜷缩，表示"弱小"的造型，如紧抱自己的双肩。尽管造型只持续了1分钟，科学家们发现不同的造型引发了参与者在"心理和行为"等方面的改变。他们特别注意到摆出肢体伸展（表示"强大"）造型的参与者"睾丸素的升高、肾上腺皮质素的降低、行为上对风险忍耐的增强和权力感的提升"。当身体摆出表示"强大"的造型时，人们也真的感到自己更强大了。

资料来源：柯明斯. 蜥蜴脑法则[M]. 刘海静，译. 北京：九州出版社，2016.

这个实验表明：姿势（行为）意义，可以转变为心理意义。真所谓：假装强大，就会强大；假装自信，就会自信；假装被人喜欢，就会被人喜欢。

价值观的来源，可能是主体的"自我设定"，也可能是所处环境的"近身设定"，还可能是非所处环境即域外环境的"远方设定"（一个是时间域外，如复活远古价值观；一个是空间域外，如古巴人推崇中国价值观）。以个体为例，每个人都有自己的价值观体系，这是自我设定；加入X组织后，则会接纳一定的X组织价值观，这是一种近身设定；转入 Y 组织后，则会接纳一定的 Y 组织价值观，这也是一种近身设定；无论身在 X 组织，还是身在 Y 组织，总会另有一些来自非所在组织的价值观，这是远方设定。

企业的统一价值观，不一定就是企业意志倡导的那个价值观，企业意志所倡导的价值观有可能只是理想价值观而非现实价值观，而另一些企业意志未倡导的价值观却有可能在员工中占主导地位。

统一价值观永远只有一个，那就是现实价值观。

价值观的"两道鸿沟"

价值观的第一道鸿沟，横在不同价值观之间。

价值观的第二道鸿沟，横在"说到"与"做到"之间。

文化落地是什么？一个最望文生义，却有可能最逼近真谛的解释——言之为"文"，行之为"化"。多数企业失败，就败在有言无行上。能不能实现从"言文化"到"行文化"的伟大跨越，这往往是企业坍塌与崛起的一个分水岭。

对于价值观的"说到做到"问题，我提两个尺度，做企业的一定要切实注意。

第一个叫"领袖尺度"。企业一把手做不到的价值观，坚决不提；一旦提了，企业一把手一定要做到。否则，不仅价值观流于破产，而且一把手会成为众人非议的对象。

前文我已经举过一个例子：某总裁强调"奉献"，自己却把全公司一半限制性股票揣入兜中，最终导致价值观流产。这里再举一个企业之外的例子。

领导者光说不练 = 嘲笑 = 价值观破产

在那个缺吃少穿的年代，有位干部下乡，负责管饭的老乡从西家到东家凑了 8 颗鸡蛋，煮了款待他（对了，老乡还有个五六岁的女儿）。这位干部，吃第一颗鸡蛋的时候，女孩眼巴巴地盯着他；吃第二颗鸡蛋的时候，女孩眼巴巴地盯着他……吃第八颗鸡蛋的时候，格局仍然没变：女孩盯着干部，干部盯着鸡蛋，鸡蛋没"盯"小女孩。这个"八蛋干部"的故事传开后，人们心里的天平发生了微妙的变化，等那位干部再在台上讲大公无私的时候，大家就品出了另外一种味道。领导者如果强调一个连他自己都没奉行的理念，就会遭到嘲笑，这个理念也随之破产。

第二个叫"保底尺度"。如果有人违背了价值观，一定要受到相应的惩处，严格遵循"热炉法则"。阿里巴巴不允许员工行贿，结果有两个业绩最突出的员工行贿了？怎么办？开除！这就叫价值观的"兑现"——用制度来保底。如果有人违背了价值观而不受责罚，那么，这个价值观就废了。

这两个尺度合起来，叫作"管头管尾"："领袖尺度"是管头，"保底尺度"是管尾。做到了"管头管尾"，文化就上去了。

关于诚信的界定

现在，几乎每家企业都把诚信纳入价值观序列了。可是，什么是诚信呢？大有见仁见智之势。

有家企业把诚信定义为"永不说谎"。这可行吗？

谷歌前数据科学家赛思·斯蒂芬斯－达维多维茨（Seth Stephens-Davidowitz）写了一本书叫《人人都在说谎》。其实无须大数据佐证，闭上眼都可以想到：谁人不曾说谎？一个会说谎的孩子与一个不会说谎的孩子，遇到坏人谁更有可能跳出魔掌？

所以，把诚信定义为不说谎肯定是不靠谱的。因为我们对敌人不能不说谎，对坏人不能不说谎，对可疑的陌生人不能不说谎。

那么，该怎样定义诚信呢？

统一诚信的"语言"

"诚信"这两个字，是很大的事。但是这个词在不同的文化背景下意义不同，因此每一个团队都可能有不同的定义和理解。

多年前，我在另一家公司看见这样的事情：有一个同事在下班的时候就将桌上的一些铅笔拿起来放在口袋里。当时我问他："你准备拿到什么地方？"他说："我拿回家里用，我家里没有笔。"我说你这样做是在偷东西，但是他当时的回答令我很惊讶："铅笔不太值钱，如果拿走的是一台PC，我同意你说我的诚信有问题。"于是我就领悟到一点，不同的人对这个问题的理解不太一样。

往往同一个词，从你的嘴里说出来，跟从我嘴里说出来可能是完全不同的两个概念。此后，我就不再很空泛地讲"诚信"这两个字。我请所有的经理做这样一个"作业"，请大家把各自理解的"诚信"写出来，每个人都来说说哪一类型的行为是没有诚信的行为。然后，我们将收集起来的答案编辑之后再发送出去。大家根据最后的统计知道：哦！原来"诚信"就是这样的。

所以我觉得很重要的一点是：我们在宣传企业文化的时候，一定要很清晰地从行为上描述出来，要统一企业的"语言"。

资料来源：《中外管理》，作者林正刚。

所以，诚信的标准是天然不一的。当你把诚信列为企业价值观的时候，需要给出清晰的定义。

当然，企业对诚信的定义是在一定的社会框架内完成的，框架内你有自主定义权，框架外你没有。"框"是什么？就是公序良俗。

价值观建设上的"前置逻辑"与"后置逻辑"

前置逻辑：是否实事求是。

后置逻辑：有无制度匹配。

先说前置逻辑。实事求是，是所有伟大人物的共同品质。一般而言，实事求是包含三条标准：说事实不走样，讲道理不诡辩，守规则不教条。

先说"说事实不走样"。举个反例。有一次，我去见一位总裁。其间，他的秘书汇报总裁家的狗咬了员工家孩子的事。秘书说："那个孩子骑车路过，狗追上去，把短裤撕破了，没咬着肉。"过了不到五分钟，员工夫妇领着孩子进来了，我一看，大腿上赫然一个血口子，还有翻起的肉！这个秘书说事实时走了样，总裁若不是亲见，就会做出错误决策。

次说"讲道理不诡辩"。有一个兼职员工为企业注册了一个域名，月底评估时，人力资源部经理认为他本月的贡献与预设的 2.5 万元的报酬不匹配。你猜这位员工说什么？他说："那你说京东的域名值多少钱？"这就是诡辩。一个域名，注册时的价值怎么可以与成为全球品牌时的价值相提并论呢？在职场中，如果一个人开始讲歪理，那么，这个人就不可重用。

再说"守规则不教条"。比如投资上的口头承诺，如果你的认知发生了重大改变，是完全可以取消的，无须死要面子活受罪。这就像法庭发现了新证据，案子当然需要重审，没有继续坚持错案的道理。一些合同，在客观条件发生改变时，也是可以灵活商议的。

实事求是，也是所有伟大企业的共同品质。在确立价值观时，所谓实事求是，就是做不到的不提，提出的坚决做到！

再说后置逻辑。有制度匹配，价值观的兑现程度就高；无制度匹配，价值观的兑现程度就低。所以，有相应的制度，有利于对价值观实现"保底"。

价值观制胜

企业价值观的目的是胜利。所以，价值观制胜，才是企业真正关注的核心。

价值观制胜的关键在于"高于常态"。这叫好人得好报。比如京东的某个价值观，就成为它们的制胜法宝。

我真故我强[一]

1998年，我带着积攒的12 000元钱在中关村租了一个4平方米的柜台。那时候中关村几乎所有的商家做生意都是一个模式，老板对员工的培训都是：一台笔记本电脑两万五，你怎么用三万五卖出去。中关村还有十大"招术"教你如何欺骗顾客。我觉得这注定是

[一] 来源：天津青年创业园网，2018年8月6日，作者刘强东，标题为本书作者所加。

不对的，终究有一天这种混乱的情况会改变。这就是问题，谁能把这个问题解决，谁就可以取得成功，非常简单。

所以从开柜台第一天，我是唯一明码标价、所有产品都开发票的商家。不接受讨价还价，只卖正品行货。就这么一做6年，从一个小柜台开始，到2003年的时候，我拥有了12个店面，其中3个在北京，而且每个店的营业额都非常好。

第一件事发生在2003年"非典"的时候，我迫不得已把所有门店都关掉，所有人员都在办公室，每天很着急，因为我们各种租金、开销一天都不少，货又不敢销售，店面也不敢开门。

有同事就提出来，说为什么我们不去做网上销售呢？我们去搜狐、新浪、网易等各种各样的网站发帖，结果发现发了帖很快就被管理员删了，偶尔没被删也没有人订货，因为没人相信。后来，我们开始在专业的测评论坛里发帖。论坛总版主看到了，不仅回复了，还把我们的帖子置顶，说：京东多媒体，我知道，这是中关村唯一一个不卖假光盘的厂家。结果这一天我们接到了10个订单。

正因为过去6年的坚持，赢得了别人的信任，从而在最关键的时刻，得到了一个不记得他姓名的人的一次简单帮助，从而使京东开始由线下转到线上，做了电商。

制度："造佛造魔"

系统、模式、规则，都是制度。

一把手"决定系统"，其他人"系统决定"

我一直有一个观点：一个企业里只有两种人，一种人叫"一把手",另一种人叫"其他人"。一把手"决定系统",其他人"系统决定"(见图2-3)。

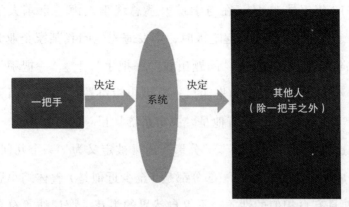

图2-3 一把手"决定系统",其他人"系统决定"

2017年9月,在一次饭局上,牛根生先生说:"价值观不同的人,很难在一起共事。"

我说:"不见得。因为价值观是可以改变的。比如在蒙牛,'只准上级请下级吃饭,不准下级请上级吃饭;只准上级给下级送礼,不准下级给上级送礼;只准上级给下级拜年,不准下级给上级拜年',单单这一个'拜年的单向性'就省去了下级的多少烦恼!但这个价值观起初有几个人有呢?恐怕最初只有您自己和身边的几个人有。但通过你们发挥价值观的影响力,就在全集团形成了这样的价值观……看看,当初价值观不同的人,现在却形成了统一价值观。"

牛根生先生说:"那郑俊怀我就影响不了,就没法共事。"

我说:"那是因为郑俊怀是'一把手',您是'二把手'。一家企业里,其他人都是服从系统的人,只有一个人例外,他既可以缔造系统,也可以解散系统,特别是可以解散别人缔造的系统。这个人是谁？就是'一把手'。"

牛根生先生表示赞同。

2018年1月11日，在与学道家塾总裁李发海、京东大学校长Rachel（李庆欣）等人一起吃饭时，李发海先生问我某家企业为什么最近几年不太顺，我说："问题出在'一把手'上。'一把手'一个人就会给企业留下很深的烙印，这是谁也没办法的事情，因为其他人都是'系统决定'，只有他是'决定系统'！"

在这里提一下"分形"。"分形"通常被定义为"一个几何形状，可以分成数个部分，且每一部分都是（至少近似是）整体缩小后的形状"，即具有自相似的性质。不仅自然界的雪花、海岸线等符合"分形"，"分形"作为一种理论其实也适用于人类社会。比如上文所说的"头部决定式"，不仅体现在一个人身上，也体现在一个部门身上，还体现在一个企业身上，甚至体现在一个生态圈身上——这和雪花一样，小雪花是六角式图案，中雪花是小雪花拼成的更大的六角式图案，大雪花是中雪花拼成的更大的六角式图案。

君不见：如果你独立创业，脑袋决定命运；如果你加盟某个圈子，那么，圈子决定命运。"圈子决定命运"的真实含义是"圈子的领头人决定圈子的命运，圈子的命运决定你的命运"。说句不怕得罪人的话：1999年，如果你加盟乳业，那么，加盟蒙牛是一个样，加盟牛妈妈是另一个样，即使你付出同样的努力；同样是1999年，如果你加盟电商，那么，加盟阿里巴巴是一个样，加盟8848是另一个样，即使你付出同样的努力。为什么？第一原因在于，各个圈子的领头人不一样；第二原因在于，你还是你，但你一旦加入某个系统，就会身不由己地被系统决定一些东西。

关于"系统决定",我们用"同样的人,不同的系统"来模拟——

博弈论中有三个火枪手的故事。火枪手 A 的命中率是 80%,火枪手 B 的命中率是 60%,火枪手 C 的命中率是 40%。

系统 1:让 A、B、C 分别位于等边三角形的三个顶点上,自由角逐,剩者为王。

系统决定 1:第一轮开枪。A 会对准谁?对准 B,因为 B 对他的威胁最大。B 会对准谁?对准 A,因为 A 对他的威胁最大。C 会对准谁?对准 A,因为 A 是威胁最大的。这样,第一轮下来,A 的中弹率是 60%+40% − 60%×40%=76%,B 的中弹率是 80%,C 无中弹之虞。往往没有第二轮。在这个系统下,最后胜出的常常不是最强者,而是最弱者。

这个是模拟场景,有没有类似的现实场景呢?有的。

一个学校,三个人选"优秀",校长不想选书记,书记不想选校长,结果新来的员工得了两票,当选。所以,模拟场景往往是现实场景的浓缩,你还别不信。

如果我们把系统规则修改一下呢?

系统 2:请三个火枪手分别对准靶子开 10 枪,胜者代表团队参加乡里的射击比赛,奖金 50% 归参赛选手,50% 归团队。

系统决定 2:结果怎样呢?当然是 A 胜出,代表团队参赛。三个火枪手无一不高兴!

看看，人的行为不完全是由自己决定的，往往是"有什么样的系统，就会有什么样的行为"。不同的制度设计，可以使同样的一群人，或者变成互相倾轧的"魔"，或者变成互相升腾的"佛"。我们说"人造文化，文化'造'人"，这就是"文化'造'人"。

所以，把系统问题和人的问题分开讲是不对的。有什么样的系统就会有什么样的人，这是普遍性问题；有的人身在系统而跳出系统，这是特殊性问题。反过来，"有什么样的人就有什么样的系统"这样的描述也是正确的，因为塑造系统的也是人，但这个"人"不是一般人，多数时候是带头人。所以，完整准确的说法应该是：有什么样的管理者就会有什么样的系统，有什么样的系统就会有什么样的员工。

所以，企业竞争，首先是"一把手"之间的竞争，管理层之间的竞争，然后才是普通员工之间的竞争。所谓"兵熊熊一个，将熊熊一窝"，说的就是："将"争是第一性的，"兵"争是第二性的。

管理是如何失去人性的

管理是如何失去人性的？我想起一所学校管理早操的故事。这所学校规定，早操出操人数计入班主任的成绩。怎么计呢？全勤，100分；少一人扣一分。管理的结果呢？越是严苛的班主任得分越高！请假？门儿也没有！什么有点发烧，不准；什么脚破了，不准；什么肚子疼，不准……而那些心慈手软的班主任呢，只能委屈地排在后面了。

不问青红皂白地不准假，这就叫失去人性。人性是怎么失去的呢？就是因为考核绝对人数这个规则，这个"指挥棒"。

可以让"指挥棒"留出人性空间吗？当然可以，比如，90%的出勤率计满分，超过90%不再另加分（仍计满分），这样，就留出了例外空间，为人性化管理提供了制度空间。

所以，管理失去人性，首先是规则失去人性，然后才是执行者失去人性。规则的制定者要确保人性，这是管理人性化的第一要义。

老板的风格问题

既然我们已经把老板的作用提到了"决定系统"的程度，那么，关于老板的风格，我们也在这里多说几句吧——说几件趣事。

第一件事，轻车简从，还是重车相随。任正非、张瑞敏、董明珠，这几个人都是惯常的"独行侠"。特别是任正非，在机场踽踽独行，屡屡引发众人的莫名诧异，无名惊叹！那么，那些喜欢带秘书出行，甚至喜欢带一大帮幕僚出行的人，你又会对他们持有什么样的眼光呢？其实，不管是"独行"，还是"群出"，褒也无理，贬也无理，第三方最好站到局外。无他，简有简效，繁有繁功，每个人都有自己的最佳风格，保持自己的风格最有效！当然，无论哪种风格也都有失效的时候，那是需要个别检讨的，但个案不否定整体。

第二件事，马云喜欢玩倒立，于是阿里巴巴就有了所谓"倒立文化"（见中国广播网《阿里巴巴：疯狂背后的倒立文化》，2012-11-15）。报道说"这时候马云带头，要求淘宝所有人都要学会一件事——'靠墙倒立'，俗称'拿大顶'。男性要保持30秒，女性保持10秒"。这事往正面说，叫作"倒过来看世界"；往负面说，叫作"置人于倒悬"。

普通员工做决定，影响的是局部；老板做决定，往往影响全局。

所以，老板定系统，除了"板上钉钉"，还要"有板有眼"——就像下围棋一样，善于做"眼"才能满盘皆活。

文化图腾：企业文化的 IP

如果给你 30 秒电梯演说时间，让你说清自己的企业文化，你能做到吗？

如果你按"文化大三角"的构造去讲，只怕即使你讲清了，听众也未必能听清。这就是知识的诅咒：你心中有个结构，听众心中可没那个结构。

有一个办法可以在几秒钟内有效传递企业文化的精髓，那就是图腾法。

什么是企业文化图腾？

企业文化图腾是企业给自己选定的文化象征物。它可以是一种动物，也可以是一种植物，还可以是一块石头，甚至可以是一种细菌……凡是你可以想到的、能够契合自身文化意义的事物都可以拿来用，甚至可以创造一种并不存在的东西来象征企业文化。

简言之，图腾就是企业文化的 IP。

图腾相当于企业文化的自画像。为的就是让大家能够以最快捷的方式记住你，识别你。那些有图腾的企业，人们常常对其津津乐道；而那些没图腾的企业，普通受众一般很难记住它们的文化。

一个典型的例子：有的企业用狼做图腾，狼有三性"敏感＋血性＋团队"，一下子就把企业文化刻进了人们的脑海。华为和蒙泰都曾倡导狼文化。

还有一个例子，有的企业用鹰做图腾。国美电器与TCL都讲鹰文化。TCL用鹰来励志是好的，但它对鹰的解释是错的——当我质疑《鹰的重生》的真实性的时候，他们的副总亲口对我说，是真的，拍到了录像。但《鹰的重生》这个故事只能当寓言来读，实际生活中，鹰和鸡一样：羽毛随掉随生，不可能40年才换一次；爪子随磨随长，也不可能40年来个以旧换新；嘴呢，就那一个，与头骨相连，掉了是不可能再长的。

"得到"App的文化图腾是猫头鹰。因为西方有把猫头鹰作为智慧象征的传统，图书馆就经常用它做标志。

蒙牛的吉祥物是什么？当然是牛。可与文化图腾相媲美的另一种传播方式是司歌。我曾给蒙牛写过两首司歌，名字叫《中国牛》。

《中国牛》（之一）

盘古开天地，草原立中间；
奔出中国牛，驮起生态圈。
若问走遍天下靠什么？大胜靠德作罗盘！

民以食为天，食以奶为先；
腾起中国牛，踩出幸福泉。
若问走遍天下靠什么？大胜靠德作罗盘！

《中国牛》（之二）

绿绿的牧场，蓝蓝的工厂，
白白的乳汁，甜甜的梦想。

每一头牛都有一枚勋章，闪耀母亲的荣光；

每一滴奶都有一次飞翔，飞出人生的辉煌。

这是我们中国牛，挺起民族的脊梁；

这是我们世界牛，推动人类的健康。

草原是后院，海洋是前窗，

雄鹰是风筝，人心是兴亡。

每一场风暴都有不倒的海棠，与自己较劲逆风飞扬；

每一次日出都有澎湃的汪洋，大胜靠德创业无疆。

这是我们中国牛，挺起民族的脊梁；

这是我们世界牛，推动人类的健康。

这两首司歌写就后，并未谱曲。如果有一天，蒙牛把它谱成曲，意境还是不错的。

企业文化手册

企业文化手册可根据文化拼图原理制作。所含内容可参考"文化大三角"的"一个中心，三个基本点"——文化元点，目标体系，能力体系，理法体系。

企业文化手册可简可繁。我个人推荐"简版"。因为文化是基因，定本质，不定现象。编制企业文化手册的三个基本原则如下。

基因原则

如果把企业比作宇宙，那么，企业文化就是奇点。

如果把企业比作生物,那么,企业文化就是基因。

企业文化手册是用来规定企业基因的。

好的口才一语中的,企业文化手册里的话也要一语中的。

图谱原则

图谱是企业文化的象征化、图形化表达,通常涉及三个部分:文化图腾,文化总图,文化分图。

文化图腾,是企业文化的 IP。前文已述。

文化总图,也就是文化拼图的总体图示,形式多样。

图 2-4 所示为中国圣牧的总图。

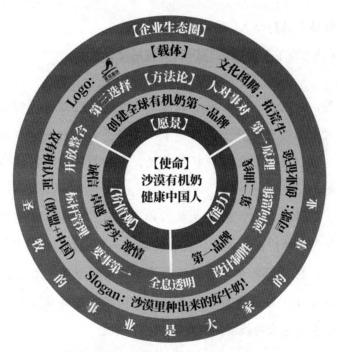

图 2-4　中国圣牧的文化总图

文化分图，就是某一文化因子的图形化表达。

图 2-5 是我在牵头做《蒙牛文化手册》时，对蒙牛"三步走"战略所做的分图（已对原图中的地图做了省略）。

草原牛　　　　中国牛　　　　世界牛

图 2-5　蒙牛文化分图之一

故事原则

故事最容易打动人。

《狮子与羚羊》是蒙牛与伊利共有的文化故事。

清晨，非洲草原上的羚羊从睡梦中醒来，它知道新的比赛就要开始，对手仍然是跑得飞快的狮子，要想活命，就必须在赛跑中获胜。另一边，狮子的思想负担也不轻，假如跑不过最慢的羚羊，就只能饿死。

多么奇妙的事情，狮子之强，羚羊之弱，差别不可谓不大，然而在物竞天择的广阔天地里，两者面临的生存压力却是同等的。

可见，在动物世界里，动物的对手说到底就是它自己，它要逃避死亡的追逐，首先就要战胜自己，它必须越跑越快。因为稍一松懈，便会成为他人的战利品，绝无重赛的机会。

最大的敌人是自己，对人来说何尝不是这样？不管你是总裁还是小职员，为了保住自己的职位，不是都要尽心尽责、全力以赴吗？要知道总有人盯着你的职位，跃跃欲试——总裁的高位自然热门，不必多说；小职员也不例外，因为公司门外总有不少新人等着进来。这样看来，大家的选择都一样，要么做得更好，要么被淘汰。

企业文化故事可以是寓言故事，也可以是现实故事。现实故事以自身为主，如创业故事、品牌故事、竞争故事、爱心故事、社会责任故事，等等。"一头牛跑出了火箭的速度""洗红薯的地瓜机""一条毛巾用了27年"……这些故事，你听起来是不是耳熟能详？

此外，企业文化手册中除了公司母文化，还可以放入亚文化。亚文化主要包括两个方面：一是不同部门的亚文化。例如，财务部门的理念是"股东一分钱，掰成两半儿花"，培训部门的理念是"脑袋改变口袋，我们改变脑袋"，等等。二是不同层级的亚文化，高层、中层、基层都可以有自己的针对性文化。

企业文化的误区

企业文化建设存在许多误区，这里举出常见的6大误区。

墙上式误区

墙上式误区认为文化就是口号。以为制作出一本精美的《企业文化手册》，便成了有文化的企业。殊不知，文化，文化，言之为文，行之为化。有口号，无实践，说归说，做归做，墙上一套，地上一套，那是"魂不附体"。

一家初开张的鞋店，将"消费者是老板"的理念挂在墙上，决心通过"老板"的满意来赢得生意的红火。但第二年开春订制凉鞋，当厂家问用"头层牛皮"还是"二层牛皮"的时候，这家鞋店为了省几块钱成本而毅然决然地选择了"二层牛皮"。凉鞋运抵后，好戏才唱了三天，第四天就开始麻烦不断，开缝，断裂，退货。

空洞式误区

文化需要载体。但载体贫乏症屡见不鲜，文化来文化去，就那么几条干巴巴的文字。图腾，没有；标志，平淡；手册，芜杂；数据，混乱；影像，粗放；器物，脱节……载体贫乏、载体过时、载体与本体不匹配……"文化叶绿素"的匮乏，将导致文化凋零。

"二战"时，丘吉尔在一次演讲中深情地说"我没有什么可以奉献的，只有鲜血、辛勤、眼泪和汗水"，但后来人们记住的只有鲜血、眼泪和汗水，而"辛勤"这个词被淡忘了。可见形象的东西比抽象的东西更容易烙入人们的脑海。可以说，没有激荡人心的文化，就等于没有催人奋进的战鼓。

随波式误区

随波式误区是指什么时髦就追逐什么，不管行业特点，不顾自身条件，看到别人"文化之稻"丰收，立刻拔了自己的"文化之麦"，撒上一地稻种，全然不知自己这是"旱地"，别人那是"水田"！

领袖式误区

时下流行一句名言，"企业文化就是老板文化"，这是老板"决定系统"的又一写照。

但如果老板的格局不够大，其结果往往是老板的好恶变成了企业的好恶。一种情形是员工投其所好。"楚王好细腰，宫中多饿死""齐王好紫衣，国中颜色一"。另一种情形是老板强推所好。己所欲，施于人，殊不知"我之蜜糖，彼之砒霜"。你喜欢辣椒，就让员工食堂变成川菜馆吗？你喜欢京剧，就让每个人都学几嗓子吗？

最要命的是，老板一换，文化皆变，一个将军一个令，一个和尚一套经。

侏儒式误区

陷入侏儒式误区的企业的文化可以称作"总部型文化"，在总部是有效的，到了基层就被扔到了爪哇国，形成典型的"侏儒症"：头大，身小。

有的侏儒症是管理错位造成的。打个比方：有两只左手犯了罪需各断一指，由两只右手执行；结果，一个砍了，另一个没砍。为什么？砍了的那个是别人的右手负责执行，没砍的那个是自己的右手负责执行。

急功式误区

只注重当期考核的公司一般都是"死公司"。挣扎在死亡线上的公司，当然不得不严重关注当期结果；但对于运筹大局的公司，比如BAT，它们可以留出大把的精力、大把的时间、大把的金钱关注今天没有什么结果、未来结果也不确定的"倒贴式事业"。但正是这样的公司，领导了人类的未来！

我在走访一家企业的两个煤矿时，碰到了一个有趣的"一样苦劳，两样功劳；功劳要，苦劳也要"的案例，于是写下了《重审"功劳"与"苦劳"》的文章。

重审"功劳"与"苦劳"

1. 引子

一个有意思的话题：范家村煤矿（简称"范矿"）矿长和满来梁煤矿（简称"满矿"）前矿长，都提到一个事实，范矿煤质差，满矿煤质好，同劳不同酬。这是一个关于"一样苦劳，两样功劳"的话题。如果这是在两家企业，也就罢了，市场只认功劳不认苦劳；奥妙在于，这是同一企业的两个煤矿，于是，出现了一道"风景"——范矿的工人想往满矿跑。

2. 正文

市场说：我只认功劳，不认苦劳。

人力资源专家说：讲苦劳是管理上的第一浪费。

现在我们来定义一下，什么是功劳，什么是苦劳。

功劳是以实现市场价值为前提的。没实现市场价值的，就不能叫功劳。为什么？你造出一箱冰糕，过期了都没卖出去，这就没有实现市场价值，不仅没有实现市场价值，还浪费了资源。所以，一个劳动在实现市场价值之前都叫"苦劳"，经过"惊险一跃"这个分水岭，劳动被分成两类：一类是"功劳"，另一类是"完全苦劳"。当然，我们后面还会提到第三种状态——"虚拟功劳"。

现在的问题是，当你明明知道"一样苦劳，两样功劳"的时候，如果你是当局者，你干不干？如果你是评局者，你怎么评？

计划经济年代，农民辛苦一天，功劳比不上工人。可是，如果所有农民都不种地了，工人的功劳还会那么大吗？也就是说，他的功劳是以你的苦劳为前提、为基础的。

市场经济时期，类似一种苦劳为另一种功劳"奠基"的情况依然存在。

比如牛奶具有"基础白奶"和"功能牛奶"（含"高端牛奶"在内）的区别，"基础白奶"是相当微利的，"功能牛奶"是相当赚钱的。但是，"基础白奶"往往是"功能牛奶"的开路先锋，前者的市场占有率越高，后者攻城略地的速度就越快。问题来了，它们分属两个不同的业务单元，如果独立核算，那么，"基础白奶"团队就是苦劳，"功能牛奶"团队就是功劳。可见，二者应交叉核算，"基础白奶"的市场占有率，就是它的绩效，亏钱也是绩效；"功能牛奶"的利润额，就是它的绩效。

这两者的联系我们是看得清的，所以，当"功能牛奶"团队有了功劳，我们说"基础白奶"团队也是有功劳的。可是，有许多潜在联系、混沌联系我们是看不清的，到那时候，我们岂不是常常把苦劳仅仅视作苦劳而并不视作功劳吗？

当柯达相纸"大赚其钱"、功劳巨大的时候，不挣钱、低交易量的数码业务苦哈哈的，是不是蕴含着某种苦劳角色的悲情色彩？"功劳主义"毁了柯达——不，是以损益表为指挥棒的"当期功劳主义"毁了柯达。

当然你会说，发明数码技术那是天大的功劳，功劳是多元的，组织目标中既有与市场即时交易的，也有与市场远期交易。好吧，让我们在功劳与"完全苦劳"中间再夹入第三种状态——"虚拟功劳"，即虽然尚未实现市场价值，但被内部预许为"未来的功劳"。问题是，只要不交易，那它就是"画饼"，你说这个饼价值几何那它就价值几何。且事实胜于雄辩，看看柯达把主力资源之舵交给了谁？那背后就是"百鸟在林，不如一鸟在手"的"当期功劳主义"。

但你不能否决这种"当期功劳主义"。为什么？"按劳分配"往往只能按已实现的功劳进行分配，不能按苦劳进行分配。因为要是按苦劳发工资，那就有可能发不出，"春种万粒粟，秋收一颗子"的景况你也不是没见过。

"远期功劳主义"即"虚拟功劳"长什么样？可能是天使模样，也可能是魔鬼模样。换句话说，流汗是今天的事，开花是明天的事，挂果呢，那是后天的事。可是，后天的事毕竟不是确定的事，后天你能挂"银果"，也许别人能挂"金果"，到头来有可能还是竹篮打水一场空。

所以，我们以为自己看得很清楚，其实我们常常是看不清的。因为未知永远大于已知。

好了，我们现在做小结吧。

论功劳，没问题。这是把投票权交给市场。

论虚拟功劳也没问题。这是把投票权一半交给市场，一半交给认知。

论苦劳，有问题。这是否决市场投票权。

但是不论苦劳呢？也是有问题的。盖因两个原因。

第一个原因：有些苦劳像空气，有它的时候，你对它无视；没它的时候，你立刻感觉窒息。它又像除"四害"时的麻雀，你以为有害而大力扫荡它，但真的没了它，害虫多得满天下，你的收成大跌。

第二个原因：你永远不知道哪个苦劳能够结出最大的果实，如果坚持"唯功劳主义"，那就会形成一种导向，宁求已知的可靠的功劳，不求未知的、未卜的功劳（因为按照创业的"九死一生"定律，未知探索有90%的概率成为苦劳），这就会扼杀创新与探索。

也就是说，有些苦劳的功劳是"暗物质""暗能量"，它不在你的绩效菜单里，但它不可或缺，你得小心翼翼去发现并呵护它。一句话，别对苦劳一棍子打死，因为企业是个混沌系统。

苦劳和功劳是鲤鱼与跳过龙门的鲤鱼（龙）的关系。当然，你也可以说它们是绿叶和红花的关系。

五类企业

由"文化大三角"，按照德高、德低、才高、才低、局高、局低进行组合，可以形成八种企业文化形态，并可归纳为五类企业。

什么叫德高，什么叫德低？理法体系与主流社会的匹配度高或对主流社会的影响力大即为德高，匹配度低或影响力小即为德低。匹配度高，意味着对社会理法的高度适应；影响力大，意味着对社会理法的高度改造——殊途同归，都是与社会理法高度一致。

什么叫才高，什么叫才低？能力体系强大就叫才高，能力体系弱小就叫才低。

什么叫局高，什么叫局低？目标体系远大即为局高，目标体系近小即为局低。

由此组合形成五类企业。

卓越型

卓越型企业即"三高"型：德高，才高，局高。（在图2-6中是顶点D所在的D型企业。）

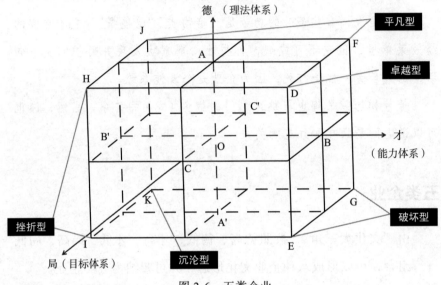

图2-6 五类企业

沉沦型

沉沦型企业即"三低"型：德低，才低，局低。（在图2-6中是顶点K所在的K型企业。）

平凡型

平凡型企业包括两个小类：

（1）德高，才高，局低。（在图2-6中是顶点F所在的F型企业。）

（2）德高，才低，局低。（在图2-6中是顶点J所在的J型企业。）

无论才高才低，德高局小，局小者事不大，所以，都表现平平。

挫折型

挫折型企业也包括两个小类：

（1）德高，才低，局高。（在图 2-6 中是顶点 H 所在的 H 型企业。）

（2）德低，才低，局高。（在图 2-6 中是顶点 I 所在的 I 型企业。）

无论德高德低，才低而局大，眼高手低，好高骛远，结果是挫折不断。

破坏型

破坏型企业也包括两个小类：

（1）德低，才高，局高。（在图 2-6 中是顶点 E 所在的 E 型企业。）

（2）德低，才高，局低。（在图 2-6 中是顶点 G 所在的 G 型企业。）

德低而才高，就易沦为反方向的破坏力；局低者破坏力小，局高者破坏力大。

03 文化选择原理
第 3 章

　　企业文化从哪儿来？一是来自企业内部，好比把食盐从水里析出来，我们叫它"结晶式"；二是来自企业外部，好比把一粒种子种进去，我们叫它"播种式"。

　　任何一个企业的文化，都是"结晶式"与"播种式"的选择性整合——内如卵，外若精——我们把它称作"受精卵模式"。这就是文化选择原理。

企业文化有两大源泉：一是成员文化，二是社会文化。前者来自企业内部，好比把食盐从水里析出来，我们叫它"结晶式"；后者来自企业外部，好比把一粒种子种进去，我们叫它"播种式"。任何一个企业的文化，都是"结晶式"与"播种式"的选择性整合——内如卵，外若精——我们把它称作"受精卵模式"（见图3-1）。

图3-1　企业文化的受精卵模式

世界上的思想比星星多，需求比人口密，没做选择的时候，此也有、彼也有，然而此也混沌、彼也混沌，分不出个主宾来；一旦做了选择，就有了凝聚点，有了向心力，有了主心骨。

文化元点从哪儿来？首先来自社会真问题、真需求，这就是"外"；然后来自我能解决什么问题、满足什么需求，这就是"内"。内外一交互，文化元点这个"受精卵"就诞生了！

目标体系从哪儿来？闭门造车不行，外在需求与内在渴望一碰撞，目标就产生了。

能力体系从哪儿来？能力现成的时候，"我有金刚钻，才揽瓷器活儿"；能力不现成的时候，"为揽瓷器活儿，我造金刚钻"。还是从一内一外中来的。

理法体系从哪儿来？这一点最有争议。例如吉姆·柯林斯在《基业长青》一书中说：

有没有一种"正确的"理念，可以造就高瞻远瞩的公司？……有一点非常重要：你不需要"创造"或"制定"核心理念，你只能去发现核心理念。不要问"我们应该拥有什么核心理念"，而应该问"我们真正拥有什么核心理念"。

这个观点被许多人奉为圭臬。这个观点似乎在说：我们只能看地里长了什么，绝不可以拿种子播到地里，想让它长什么就长什么！但这个观点的局限性显而易见。

核心理念可以拿来吗？当然可以。所谓"播种式"，本质上就是文化上的"拿来主义"。例如京东把"多快好省"拿来当作自己的服务理念，不仅不显唐突，还让人陡生亲切之感……

"拿来的"，种下去，就是"自己的"。

一个人，选择无神论是一种状态，选择有神论又是一种状态。

一个企业，选择与自己较劲就会着眼于挖掘自己的长处，选择与别人较劲就会着力于攻击对方的短处。

而兼具目标、能力、理法三性的商业模式的移植，同样普遍。最关键的是，无论什么商业模式，只要在中国一播种，立刻就后来居上，学生超过老师！

"播种式"不可避免

一个系统，开放则生，封闭则死，开放就要"拿来"！

从理论上讲，一个企业的文化即使被认为是"结晶式"的，它同时一定也是"播种式"的。为什么？

例如一家3万人的企业，假设它的某个理念是结晶式的，那我们可以提出两个设问：全体员工同步吗？不同步！新老员工同步吗？不同步！

第一，这个理念起初只可能是一部分人的结晶，不可能是全体员工的结晶，因此，对于"未结晶"的那部分员工，仍然存在着"播种问题"。

第二，这个理念只可能是先到者的结晶，不可能是后到者（新员工）的结晶，因此，对于新加盟的员工，仍然存在"播种问题"。

反过来也对，即便一个企业的文化被认为是"播种式"的，它同时一定也是"结晶式"的。原因很简单，"春种一粒粟，秋收万颗子"，那"一粒粟"是播种，那"万颗子"就是结晶。

一个企业的文化，有没有纯粹的"播种式"或者纯粹的"结晶式"？没有。重复一遍：企业文化犹如一枚"受精卵"，是内外整合的结果。

"受精卵模式"意味着什么？意味着基因传承，基因突变，转基因。它们既可以带来"革命"，也可以带来"反动"。

"橘生淮南则为橘，生于淮北则为枳"。一个好的文化，可以让坏人变成好人，变不了的就自动离开企业；一个坏的文化，可以让好人变成坏人，变不了的也自动离开企业。

"结晶式"重在总结

说了这么多"播种式"的事,我们来看看"结晶式"吧。

我给大家讲一个我自己运用"结晶式"提炼理念的故事。

2000年10月,牛根生跟随当地领导去酒泉参观,顺便看了酒泉的一家乳品企业。这家企业和蒙牛一样,也是1999年创立的。

参观的时候,先到的是产品陈列室,但见琳琅满目,摆着四五十个品种。领导看了很激动,就跟牛总说:"看看,人家跟你们是同时成立的,产品这么多,你们只有五六种……"言外之意:他行,你不行。

牛总没说话。

过了一会儿,宾主进入会议室,酒泉的乳品厂厂长开始介绍情况:1999年我们销了5万元,2000年前10个月我们已经销了45万元,翻了好几番,估计年底能够达到48万元。

听完这话,领导的脸红了!

为什么?因为这时候(2000年前10个月),蒙牛的产品已经销了两个多亿啦!

由此,我为蒙牛提炼出一个产品研发的理念:"生下虎一个,赛过鼠一窝。"

三种文化:本能文化、本领文化、需求文化

从企业视角看,文化有三种:本能文化、本领文化、需求文化。

本能文化是员工的天然文化，本领文化是企业的意志文化，需求文化是社会的期待文化。

本能文化

本能文化是员工的天然文化，但并非全部的天然文化，而是对企业运动发挥作用的那部分天然文化。

本能文化有哪些来源？主要有两个来源。

第一个来源是个体文化。

个体文化中有些成分会对企业运动发挥作用，不需要企业意志努力就自然存在，这部分文化就属于本能文化的范畴。

高亮最近加入一家报社，他有两大长处，一是文学功底特别深，二是百米速度特别快。哪个属于本能文化，哪个不属于？文学功底特别深，将对企业运动发挥作用，属于本能文化；而百米速度特别快，通常与企业运动无关，就不属于本能文化了。当然，如果他代表报社参加省里的运动会，拿了冠军，扩大了报社的品牌影响力，那么，这时候百米速度特别快也属于本能文化的范畴了。

王玲是一家服装企业网上旗舰店的员工，脾气不好。如果她在家里向丈夫发脾气，那么，这纯属她个人的事；但是，如果她在网上向顾客发脾气，那就属于本能文化的范畴了——因为这对企业运动发挥了作用（产生了影响）。

从这个意义上讲，招进一个人就等于招进一种文化。

招好了，招进一个"扛鼎"的人；招不好，招进一个"杀你"的人！

关于招进这两类人的典型案例，我们将在文化主体原理中讲到。

第二个来源是本能化了的本领文化。

本领文化是企业的意志文化，但它深度发展后，会成为企业大部分成员的习惯，也就是说，这部分文化不再需要企业意志努力即能自动自发，它也属于本能文化的范畴。事实上，这部分文化具有双重性，既属于本领文化，又属于本能文化。

上面所说的报社员工高亮，之前一直是用纸笔写稿。新千年后，报社为了适应全社会的快节奏，决定网报同发，要求每位记者都要掌握五笔输入法，用计算机写稿。高亮和同事学会用五笔输入法打稿后，写稿、改稿方便多了，一年之后，他们写稿就再也离不开计算机了，如果改用纸笔反而有诸多不痛快。也就是说，本领文化变成了本能文化。这就是本领文化本能化的例子。

李四在原单位的时候，每年春节都很伤脑筋。给哪些领导拜年，买些什么礼物，和其他同事"撞"到一起怎么办，与别人相比自己别掉了份儿……真是过年有过年的烦恼。跳槽到蒙牛后，蒙牛文化条例规定"只准上级给下级拜年，不准下级给上级拜年"，李四再也不用考虑这件烦心事了。第一年还有点忐忑，第二年就心安理得了，此后十多年几乎忘了这茬事了。这也是本领文化本能化的例子。

本能文化贯穿于企业始终。

本领文化

本领文化是企业的意志文化。

企业里为什么会有本领文化？

我们知道，企业存在的根本前提在于社会需要它，这就要求企业文化与社会需求文化高度契合。但企业里的本能文化多数是自发产生的，它对需求文化有一定的回应但回应度低，这就需要通过企业意志干预形成对需求文化回应度高的文化——本领文化。通俗点说，这衡量的是企业服务社会的本领，所以叫本领文化。

本领文化也贯穿于企业始终。

需求文化

需求文化是社会的期待文化。例如，消费者的需求文化，政府的需求文化，供应商的需求文化，销售商的需求文化，竞争者的需求文化……值得指出的是，需求文化有的是正确的，有的是错误的；有的可以"顺应"，有的可以"逆应"，有的可以"不应"。

需求文化同样贯穿于企业始终。本能文化、本领文化、需求文化，这三种文化之间的关系如图 3-2 所示。

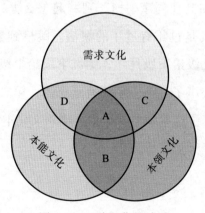

图 3-2　三种文化的关系

企业文化 = 本能文化 + 本领文化

综上所述，企业文化的外延，既不等于单纯的本领文化，也不等于单纯的本能文化，而是二者的复合体。它是企业全体成员对企业运动发挥作用的所有文化的总和，既包含企业意志努力下发挥作用的本领文化，也包含无须企业意志努力而发挥作用的本能文化。企业文化是本领文化与本能文化之和。

企业文化可以改造社会文化，社会文化也可以改造企业文化。企业文化的总和相当于一个"企业基因库"，每个相关者都企图向库中贡献基因，每个相关者也从库中获取基因。但这个库中的基因是动态的：有的传承，有的消失；有的大量复制，有的少量复制；有的显性，有的隐性。

04 文化矛盾原理

第4章

推动企业文化发展的基本矛盾有两个：一是员工本能文化与企业本领文化之间的矛盾，二是企业文化与社会需求文化之间的矛盾。这就是文化矛盾原理。

矛盾是企业文化发展的动力，没有矛盾就没有发展。

对于一个事物的基本矛盾，究竟是只能有一个，还是可以有两个，人们有争议。本书针对企业文化列了两大基本矛盾，如果必须去一留一的话，那么，留的是——企业文化与社会需求文化之间的矛盾。无论是双基本矛盾法还是单基本矛盾法，都不影响下面的论述。

图 4-1 显示了企业文化的两大基本矛盾。当然，现实中的矛盾不会是这样的直线式的，稍后我们将把它绘成曲线式。

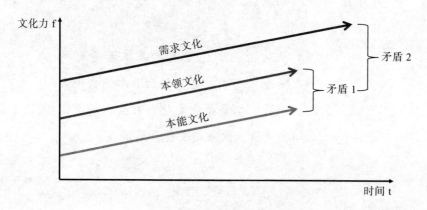

图 4-1　企业文化的两大基本矛盾

第一对基本矛盾：员工本能文化与企业本领文化的矛盾

员工本能文化与企业本领文化之间的矛盾构成了企业文化的第一对基本矛盾。这一矛盾贯穿企业发展的始终。

为了研究上的方便，我们引入"文化因子"概念。所谓文化因子，就是文环基本的结构和功能单位。一个主体的文化因子，如果能够自动复制并成为其本质属性，那么，这个文化因子就成为这个主体的"显性基因"。

"同向因子"与"异向因子"

本能文化是多元的，我们把本能文化中与本领文化相协调的成分，称为"同向因子"；把本能文化中与本领文化相冲突的成分，称为"异向因子"。

而本领文化对本能文化，必然是鼓励一种方向的生长，遏制另一种方向的生长，这样，本能文化中与本领文化相呼应的"同向因子"得到生长，并转化为本领文化，而本能文化中与本领文化相背离的"异向因子"得到遏制甚至被消灭，此消彼长，一增一减，本领文化有效地扬弃了本能文化。图4-2中，粒子a、b分别代表"同向因子"和"异向因子"，箭头代表变动方向。

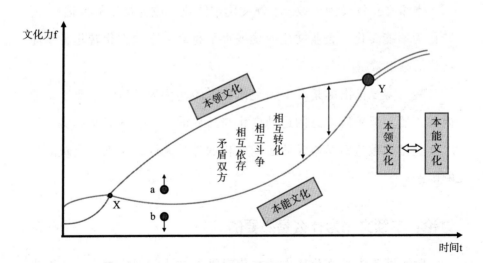

图4-2　本领文化与本能文化的矛盾曲线图

值得再次强调的是：我们这里所讨论的是文化力的大与小、强与弱，而并非文化性的是与非、对与错，企业的本领文化可能是"是"的，也有可能是"非"的，因此，与本领文化相吸附的同向因子不一定是"是"的，与本领文化相排斥的异向因子也不一定是"非"的。在这里，本领文化有点像园丁，它鼓励的生长下去了，它遏制的萎靡下去了。

理想系统或非理想系统，皆取决于两种基本力量：鼓励某种方向的生长，消灭另一种方向的生长。

有位经理对员工放话："欢迎你来跟我谈条件，怕的是你不谈条件。"蒙泰集团也有个很好的理念："薪酬是靠我们自己挣的，不是靠公司发的。"这就是鼓励一种方向的生长：你能做大贡献，就给大舞台，就拿大报酬；消灭另一种方向的生长：不讲贡献，只想拿一份安稳的工资。这也是一种"第三选择"。

本领文化发展到极致（本领文化本能化，成为员工的习惯），便转化为本能文化。企业文化的发展水平越高，本领文化转化为本能文化的频率就越高。

最后需要指出的是，本领文化与本能文化的矛盾虽然属于企业内部矛盾，但矛盾双方的运动变化与外界的需求文化紧密相关，需求文化是导致这对基本矛盾运动变化的外在诱因，是不可或缺的影响因素。

讨论：本领文化为什么是必要的

除了因为本领文化比本能文化对需求文化的回应度高，还因为文化只有凝聚才能爆发出超乎寻常的能量。

任正非根据管子的"利出一孔"之说所提出的"力出一孔，利出一孔"就表达了这种"爆发效应"。任正非说：

> 水和空气是世界上最温柔的东西……火箭是空气推动的，火箭燃烧后的高速气体，通过一个叫拉法尔喷管的小孔扩散出来气流，产生巨大的推力，可以把人类推向宇宙。像美人一样温柔的水，一旦在高压下从一个小孔中喷出来，就可以用于切割钢板。可见力出一孔，其威力之大……我们这些平凡的15万人，25年聚焦在一个目标上持续奋斗，从没有动摇过，就如同是从一个孔喷出来的水，从而产生了今天这么大的成就。这也是力出一孔的威力。如果我们能坚持'力出一孔，利出一孔'，下一个倒下的就不会是华为。

企业把人聚在一起，就是为了合作。本领文化越强，合作越容易爆发出"力出一孔"的高能量。

第二对基本矛盾：企业文化与社会需求文化的矛盾

企业文化与社会需求文化之间的矛盾构成企业文化的第二对基本矛盾。这一矛盾同样贯穿企业发展的始终。

我们已经知道，"企业文化＝本领文化＋本能文化"。如前所述，本能文化具有自发、散在、无企业意志参与的特点，这导致它对社会需求文化的回应度较低，而企业为了生存、发展，必须对社会需求文化拥有较高的回应度，这个任务就主要落在了本领文化身上。所以，企业文化与需求文化的矛盾，主角是本领文化与社会需求文化之间的矛盾，配角是本能文化与需求文化之间的矛盾。

企业文化回应需求文化的方式：一种是"顺应"，一种是"逆应"，一种是"不应"——合称"三应模式"（见图4-3）。

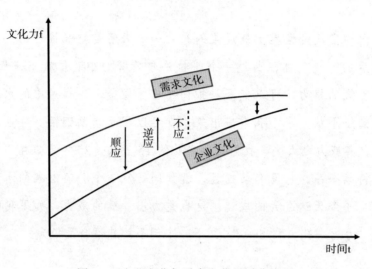

图4-3 企业文化与需求文化矛盾曲线图

所谓"顺应"，就是把需求文化转化为企业文化。

所谓"逆应"，就是把企业文化转化为需求文化。

所谓"不应"，就是企业文化对需求文化置之不理。

归根到底，"三应模式"是为了寻找好生意。那么，好生意从哪里来呢？

寻找好生意的"六维法"

先定义什么是好生意。好生意有三个特点：像息壤，像病毒，像聚宝盆。

像息壤：你创造了这个市场或这个品类，由小到大，市场潜力足够大。

像病毒：人传人，用户带来用户。这是指数型组织的特征。

像聚宝盆：边际成本为零，即便不是，资源整合的成本也要尽可能低。

然后讲寻找好生意的"六维法"——移维法，升维法，降维法，负维法，交维法，联维法。

移维法

我之所以把"移维法"放在第一位，是因为这个方法又简单又有效。许多伟大的创业都是从移维法开始的。

先下个定义。什么叫移维法？事儿还是那个事儿，但从这个空间移到那个空间，或从这个时间移到那个时间，或从这个领域移到那个领域，或从这个对象移到那个对象，这就是移维法。

"理论是灰色的，而生活之树是常青的"。讲概念不提劲儿，我们还是直接上案例吧。

"随变"雪糕，你吃过吧？它夺得过全国单品销量第一！你知道它是怎么来的吗？它是从日本"移维"过来的！那年蒙牛人到日本考察，发现有一种一层巧克力夹一层冻奶的雪糕，回来就做了"随变"。消费者喜欢得不得了。

你说"孤例难证"？那再上一例。"绿色心情"雪糕吃过吗？它也夺得过全国单品销量第一。你知道它是怎么来的吗？它是从韩国"移维"过来的！中国人夏天习惯用绿豆泻火，所以，对这个雪糕也是喜欢得不得了。

当然，还得补一句：移维当中有创新。蒙牛对这两款"原型"都进行了中国化的创新。

为什么说移维法"又简单又有效"？因为不用你去发明，你只要去发现就可以了，这叫"简单"；因为别的市场已经验证过了，很多事情都是"天下一理"，这叫"有效"。

不要以为只是产品可以移维，商业模式也是可以移维的。在这里，我要给大家引进一个非常重要的概念，叫作"苗头数据"。我不知道别人对类似数据是怎么命名的，但这个"苗头数据"是我自己的命名方式。

关于"苗头数据"

2013 年 9 月 28 日，我在蒙牛提出倡议："关注大数据，淘金小数据，紧盯新苗头。可成立一个'小数据中心项目组'。"

2015 年 8 月 2 日，在第十七届中国管理科学学术年会"企业家与学者论坛"对话环节，我提出："既要关注海量大数据，也要关注微量'小数据'，或者叫作'苗头数据'，因为'苗头数据'是创新之机、机会之窗。"得到与会学者的共鸣。

什么是"苗头数据"？主要是指全世界出现的三种新苗头——产品新苗头、技术新苗头、商业模式新苗头。

当亚马逊电子商务的"苗头数据"被马云捕捉到的时候，阿里巴巴诞生了；当谷歌搜索引擎的"苗头数据"被李彦宏捕捉到的时候，百度问世了；当推特简享信息的"苗头数据"被曹国伟捕捉到的时候，微博出山了；当优步出租车的"苗头数据"被程维捕捉到的时候，滴滴爆发了。

抓住了苗头，它们都成长为巨无霸企业。那么，你的企业关注

"苗头数据"了吗？

在这里，我再展开说一句，其实还有一个"苗头数据"可以移维，那就是理论。像厉以宁先生把股份制理论从西方移维到华夏，吴敬琏先生把市场经济理论从西方移维到九州，牛根生先生把"OEC管理"从海尔迁移到蒙牛，关明生先生把"271法则"从GE移维到阿里巴巴，都是理论移维。

移维法属于"三应模式"中的哪一应呢？三应兼有。就全球市场而言，你是"顺应"，因为别的市场已经验证过，你是把需求文化转化为企业文化。就你所经营的市场而言，你是"逆应"，因为这个市场还没有，你是把企业文化转化为本市场的需求文化。你也有"不应"，你有所为有所不为。

升维法

你有没有发现，今天最流行的创业模式其实就是用新技术或新商业模式把原来的事"再做一遍"？

也下个定义。事儿还是那个事儿，但在更高维度上再做一遍，这就是升维法。

以火车和汽车为例，我们人类一次次地"升维"，一次次地"再做一遍"。大致说来：

最早的车——马车，牛车。

用煤再做一遍——蒸汽机火车。

用油再做一遍——内燃机火车，内燃机汽车。

用电再做一遍——高铁，电动汽车。

用互联网再做一遍——网购火车票，网约车。

用人工智能再做一遍——无人驾驶火车，无人驾驶汽车。

人类的每一次技术革命或商业模式革命，都会引发"再做一遍"的潮流。

无人机：把过去人工巡高压线、巡铁路线、森林监控、喷洒农药的活儿，改由无人机"再做一遍"。

3D 打印：把过去的减材制造改为增材制造"再做一遍"。

电子商务：把过去线下买卖改为线上买卖"再做一遍"。

数字图书馆：把过去的纸质书改为电子书"再做一遍"。

数字轮胎：把过去的机械轮胎改为信息轮胎"再做一遍"。

彼得·蒂尔在《从 0 到 1》中提示创业者："还有什么有价值的公司没有成立？"他说的是理念。我这里给你配个方法论：赶快想想，还有什么可以用新技术、新模式"再做一遍"的事情，还没有人去做？特别是，还有什么事情可以用数字化再做一遍，还没有人去做？这有可能就是你一次创业或二次创业的切入点。

升维法属于"三应模式"中的哪一应？同样是三应兼有。你归根到底还是从需求出发，这是"顺应"；你用全新的方式做的，含有把企业文化转化为需求文化的成分，这是"逆应"；你当然也是有所为有所不为，含有"不应"的成分。后面的几个方法都类似，接下来我们就不再重复这一点了。

降维法

此处的"降维法"和大家常说的降维法是一个含义，比如杀毒软件去掉"收费"这一维，数码相机去掉"相纸"这一维，便捷酒店去掉"会议室等附属设施"这一维（降维之中有升维，如免费上网）。这里不做赘述。

负维法

今天，大多数小公司都做错了一件事，那就是模仿同行业的大公司。

如果大公司不在你所经营的市场上，那么这种模仿是可行的，它属于"移维法"。但如果你和大公司在同一市场上，那么模仿就是找死。

只有大公司才可以模仿小公司。模仿是大公司的专利。怎么讲？你是小公司，你创造了一款新产品，大公司倾其资源模仿你，分分钟就灭了你。

所以，对于排名在第一之后的公司，模仿从来不是上策。站到第一名的对立面才是上策，这就是负维法。

还记得七喜定位"非可乐"吗？

还记得郭德纲定位"非著名相声学员"吗？

还记得OPPO定位"年轻人的手机"吗？

似我者死，逆我者生！

交维法

二维相交，必有创见，这就是交维法。这是杂交法在寻找好生意中的应用。

驴和马"交维",诞生了骡子。按照这个思路,我们可以把许多看似不相关的东西进行"杂交",或许从中就能催生好生意的"火种"了。

生肖雪糕:雪糕与十二生肖交维。这是我多年前的一个创意,大概因为模具难弄,一直没能实现。

火车书店:火车上可以弄餐厅,那为什么不弄个书店呢?

数字背心:其对正确坐姿设定一系列理想参数,在开启状态下,只要你出现前伏过度、侧弯超标等可能影响脊柱或眼睛的不正确姿势,监测仪就会发出警报予以提示。

当然,你可以"玩"更大的。像书店与互联网交维催生亚马逊,民宅与酒店交维催生爱彼迎那样,交维永远不晚,当下就是进行交维的最好时候!

联维法

这个方法日本人似乎用得更普遍,日本人讲:"综合就是创造。"把两种或两种以上的功能集合到一个产品中,这就是联维法。

最典型联维体当然是手机:电话+照相机+录音机+游戏机+电脑……

如果你不拥有新技术,也没发现新的商业模式,那么,联维法与交维法,确实是你开辟新路子时可以借助的一种方法,而且——特别有效!

临界值问题

做企业要成功有两个必要条件:第一,方向正确;第二,突破临界值。

也就是说,即使方向正确,如果没有突破临界值,仍会一败涂地。

我们来看一个例子——牛根生在利乐中国年会上讲述蒙牛利乐枕在上海如何突破临界值,这段文字是我现场记录的:

我们开发上海市场的时候,非常艰难,80%的股东不同意,我们距离上海1500公里以上,这么远的距离,这么短的保质期,怎么行?当时我执意要做,我说我们背后有两个强大的后盾,一是利乐公司,二是上海烟糖公司。烟糖与蒙牛合作,组成上海销售公司,它是大股东。当时,蒙牛用的是网上销售平台——易购365。蒙牛公司尽管诞生在一间小房里,但用的是上海最值钱的销售网:消费者打个电话,牛奶就送到家里。有两家强大的公司做后盾,我怎么能不敢开发上海市场?但是,在"战争"进行到最残酷的时候,仗打得最激烈的时候,首先,我们的大股东上海烟糖公司做了逃兵;然后,利乐公司的皮特尔也溜掉了。(哄堂大笑。)

上海市场虽然难,能难到什么时候?当时本来是三家公司共同开发市场的,我们买赠的钱花到800万的时候,一看要投资这么多的钱,这两家都跑了!皮特尔只给我90万。三家开发市场,其他两家共支持了130万。后来我一直在调查市场:怎么样?喝过牛奶的人说好没?说了!喝过牛奶的人有没有不买的?没有!——好,继续投!当总的买赠投资增到1000万的时候,"哗——",整个市场打开了!上海人就要喝"蒙牛",就要喝"蒙奶",没办法。这就是我享受的国际化大公司的特殊"待遇"。但是,蒙牛人有骨头!上海市场终于拿下了。如果不是蒙牛公司全力抢滩，上海市不会有这么多的利乐包装，光明就不会和利乐公司这么亲。（笑声。）如果蒙牛不来的话，肯定不会那么亲！（笑声，掌声。）

> 资料来源：牛根生在利乐中国年会上答利乐员工问。

文化冲突

要正视文化冲突。新陈代谢是一切活体的特征，同化作用与异化作用天天在人体内"打架"，如果有一天不打架了，这个人也就死了……磁怀两极，电含正负，道有阴阳。单极的都是畸形的，多极的才是健全的。因此，文化冲突属于常态，不冲突才属于变态。

蒙牛历史上有过一个"不送礼"的本领文化，曾经发生过两头冲突：内部与一部分本能文化冲突，外部与一部分需求文化冲突。

"礼"与"不礼"的博弈

蒙牛曾经有个"消灭送礼大循环"的理念。生丧嫁娶、过喜日、迁新居、调工作，请客可以，一律不准收礼。其诞生后，本领文化与本能文化的博弈、企业文化与社会需求文化的博弈，形成了拉锯战。

蒙牛许多人实践了这一理念。牛根生自然是这一理念的示范者：儿子、儿媳举办婚礼，请了4300名员工，一份礼不收。

但问题并不那么简单。以结婚和给孩子过生日为例，送礼还是不送礼，收礼还是不收礼，在蒙牛始终是个问题：本领文化说不收、不送，一部分本能文化说应收、应送；企业文化说不收、不送，一部分社会需求文化说应收、应送。两大矛盾的冲突或隐或显。有人收，有人不收；有人收社会人的礼，退蒙牛人的礼；有人收社会人的礼，也收蒙牛人的礼……

"文化"还是"不文化"，一直在礼与不礼之间拔河。

最终，蒙牛第一代创业者退出去之后，这一博弈以入乡随俗的"收礼文化"而告终。

对文化落地，解决的办法只有一条：理念是"软的"，但执行是"硬的"。如在上述"礼与不礼"的博弈中，企业一旦发挥钢铁意志，只要有人通过大操大办收礼，则立刻跳闸（如通报批评，或免去现职）……那么，博弈取胜的方向就和本领文化倡导的方向基本一致了。

当然，文化冲突，有些是真冲突，有些则是伪冲突。张瑞敏的一个提示值得关注，因为大多数人的观点与此不一致，然而我是同意他的观点的，所以，特意摘录于此：

"并购败于跨文化融合"是个伪命题

有个教授问我，国际上80%的并购可能是失败了，失败的原因最主要的就是跨文化融合，这可能非常难。其实，跨文化融合在某个意义上说应该是个伪命题，为什么呢？就是说你看到的只是各种文化的不同表象，但是人的本质都是一样的，正如康德所说的："人是目的，不是工具。"所以不论任何时候，任何人都不能把自己和他人当作工具，而应该当作目的，因为每个人自身就是目的。如果你把他当成目的，而不是工具，这个问题也可以迎刃而解。（摘自张瑞敏讲话。）

文化挫折

俗话说,"不打不相识""吃一堑长一智"。企业文化也是如此,没有冲突就没有成长,没有挫折就没有升华。从来没有质疑过的信仰不成其为信仰,从来没有动摇过的信念不成其为信念。动摇而又复归坚定的信念比从没动摇过的信念坚强百倍。

所以,挫折是伟大的前奏。一个人,一家企业,挫折就是"龙门",跳过成龙,跳不过成鲤,而且是"残鲤"。我们从华为研发案例就可以看出这种"挫折—成就链"。

挫折把华为逼成世界第一

华为无线何以成为全球第一?

用两个字概括,叫"挫折";用四个字概括,叫"向死而生"。

华为研发第一步:空有"金刚钻",揽不到"瓷器活"——这叫"挫折"。

第一,华为在国内揽不到业务。

国内商战第一回合:1997年,华为打通了第一个GSM电话。当时国内无论是无线市场还是固话市场,都被国际巨头占领。为了阻击华为,巨头们纷纷大幅降价,导致华为的GSM产品当时在国内很难商业变现。

国内商战第二回合:一招未成,华为又出一招,想在3G上弯道超车。无线3G当时有两个制式,一个是CDMA2000制式,美国公司主导发明;一个是WCDMA制式,是GSM演进版,欧洲公司主导发明。华为钱少,就选择了WCDMA制式进行开发。

但华为还是一无所获。缘何?

2000年电信分家,中国形成了移动、电信、联通三家运营商,但是当时三家运营商没有一家选择WCDMA。

中国移动当时在吃GSM的红利,根本没有意愿去发展3G。华为无缘。

中国联通2000年决定进行移动设备招标,招CDMA制式。华为做了,但是没有做IS-95这个落后体系,而做了1X。但当时招标只要IS-95,不要1X,所以华为落选了。

中国电信当时未获无线权利,但为了吃到"无线红利",就用替代策略,推出小灵通。任正非认为小灵通就是固话,只不过移动范围稍微远了一点而已,没有前途,坚决不做。结果UT斯达康、中兴在小灵通上赚得盆满钵满,华为颗粒无收。

至此,华为的WCDMA在国内毫无收益,几十亿的研发投入,要收回只能到海外去,等于被"逼上梁山"。

第二,华为当时的技术在国外也揽不到业务。

华为到海外去,就只能到WCDMA的老家欧洲去。但欧洲是诺基亚、西门子、阿尔卡特、爱立信的大本营,欧洲的运营商认为华为是骗子,连投标的机会都不给。

华为研发第二步:遇到"冷门瓷器活",逼出"冷门金刚钻"——这叫"楔子"。

这时候荷兰有一家运营商叫Telfort,是这个小国的四牌运营商,业务量小,濒临破产,但它从荷兰政府拿到了WCDMA的牌照。因为钱少机房小,它希望诺基亚能开发一个小型机柜的WCDMA基站,把它们放在现有的小机房里,将3G运营起来。结果诺基亚说没有这种产品，单独开发这种型号的产品规模又太小。

找爱立信也无果。

在这种情况下，华为介入。之前所有的设备供应商仅将3G的天线放在室外，其余部件均放在室内，占用了机房很多面积。华为余承东考虑用分布式基站来解决——这就像分体式空调一样，一部分在室外，一部分在室内——只不过华为分布式基站的室内部分比DVD还小。华为承诺8个月开发出来。Telfort当时并不相信华为有这个实力，但别无选择。结果华为在2004年如期交付分布式基站。相较于传统的宏基站，分布式基站的设备体积减小到原来的1/10，重量减小到原来的1/15，极大地解决了客户的痛点。

从此，华为分布式基站的产品规格成了行业标准，开疆拓土，在欧洲站稳了脚跟，2005年华为的海外销售收入第一次超过国内，2010年华为的无线业务成为业界第二（仅次于爱立信）。

华为研发第三步：把"冷门金刚钻"优势扩展成"独家金刚链"优势——这叫"把1%的楔子扩大为100%的把子"。

华为无线要成为业界第一，只能在4G基站上弯道超车。余承东顶住压力，拍板上马Single RAN（华为第四代基站），即2G、3G、4G共享的基站，进一步解决了机房狭小、站点获取困难的成本问题。结果，Single RAN在技术上一马当先：当时的4G基站要插板，爱立信插12块板，华为只需插3块板。这次技术突破，一举奠定了华为无线的优势地位，2013年华为成为通信设备供应商领域无可争议的第一。（本书作者根据华为案例改写。）

学校里自杀率最高的，不是坏学生，而是好学生。好学生发展得太顺了，成绩最好，荣誉最多，家里护着，学校捧着，突然有一天家长打一拳、老师骂一句，对他来说就是晴天霹雳，左想委屈，右想丢人，于是抑郁了，甚至自杀。

企业如学生，也必须培养出足够的"逆境商"。企业在"起"的时候，阳气升腾，大问题变小问题，小问题变没问题，一好百好；企业在"伏"的时候，阴气沉凝，没问题变有问题，小问题变大问题，一孬百孬。这就是马太效应。所以，考验企业生命力强弱，不仅要看其如何顺风起舞，而且要看其能否逆风飞扬。美国一位企业家说："要想永远得到好消息，就要尽快得到那些致命的坏消息。"

我发现，在品牌企业的文化挫折中，"原料传染病"是主流：中国乳业的三聚氰胺事件如此，双汇的瘦肉精事件如此，沃尔玛的"黑心豆腐事件"如此，淘宝网的假货事件如此……它们都有一个共同特点——原料问题，也就是上一个企业的问题，传染成下一个企业的问题。

这是一个全社会综合治理的问题，任重道远。

文化挫折让一些企业死去，却让另一些企业重生。你有没有发现，一些"得过病"的企业，由于获得了免疫力，再得病的概率反而下降？当双汇火腿肠的瘦肉精事件（上游商家卖给它的原料肉中含有瘦肉精）爆发并召回产品后，我说了一句话："现在市场上最让人放心的火腿肠，大概就是双汇火腿肠。"为什么这样说？瘦肉精事件既然是上游原料商的问题，采购原料的就不止双汇一家。双汇的问题暴露了，双汇就到了生死关头，它不仅要治理瘦肉精，而且连其他隐患也要竭力搜寻、排除，因为它不能再出任何问题，再有一丁点儿风吹草动就会把它拖入万劫不复的深渊！而其他厂家呢，就没到它这般战战兢兢的地步，所以，双汇做了切除术，但当时市面上所售的其他火腿肠仍然含有瘦肉精也未可知。

最后我们辩证一下：这里所说的挫折，是只针对向善的企业而言的。一个企业主动"犯病"，有意识地危害消费者，那是作恶；一个企业不慎"得了传染病"，无意识地波及消费者，这是挫折。

05 文化演化原理

第5章

　　文化演化原理:企业文化是不断演化的,演化分为三个阶段,即自发阶段、自觉阶段、自然阶段。如果企业发展启动"第二曲线创新",则有可能在新的层次上重演这三个阶段。

　　管理的最高境界,不是"自治",不是"他治",而是"共治"。

按照企业文化两对基本矛盾运动的不同状态（矛盾的主要方面和次要方面的转化情况），可以把企业文化成长划分为三个阶段：自发阶段，自觉阶段，自然阶段，简称"三自模型"（见图5-1）。

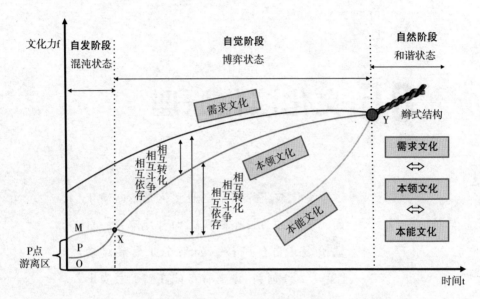

图5-1　三自模型

自发阶段：本能文化与本领文化之间，本能文化居主导地位的阶段。

自觉阶段：本能文化与本领文化之间，本领文化居主导地位的阶段。

自然阶段：三种文化轮番互导的阶段。

自发阶段

在自发阶段，本能文化是矛盾的主要方面，本领文化是矛盾的次要方面，以本能文化为主导的企业文化对社会需求文化的回应度较低。

有的企业一创立，本领文化即居主导地位。也就是说，在这类企业中，企业文化不经历自发阶段，直接进入自觉阶段。

这里需要讨论一个问题：企业文化和企业谁先诞生？

一些学者认为，企业刚创立时没有企业文化，企业文化是企业在发展过程中慢慢形成的。虽然这些学者在这里所指的"企业文化"实际上仅指价值观，但仅就价值观而言，这样的观点也是不成立的。

我们可以百分之百地肯定：企业文化与企业是同时诞生的。企业文化与企业是同历史的，企业的历史有多长，企业文化的历史就有多长。为什么？因为企业的起点是人，而企业的创办者，不管是一个人，还是多个人，他们自身就是文化的主体——企业文化说到底是人的文化——所以企业一经创办，企业文化即告诞生，意图即文化。这里既有本能文化，也有体现企业意志的本领文化。正如恩格斯指出的那样："历史从哪里开始，思想进程也应当从哪里开始。"

自觉阶段

在自觉阶段，本领文化成为矛盾的主要方面，本能文化成为矛盾的次要方面，以本领文化为主导的企业文化对社会需求文化的回应度不断提高。不断提高的回应度促进了企业与社会的和谐。

在自觉阶段，企业文化必须应对需求文化的多样性、复杂性、流动性，所以，企业文化与需求文化之间存在博弈关系。

需求文化的源头举不胜举，比如：消费者、供应商、经销商、投资者、政府、官员、竞争者、银行、慈善者、经济学家、环保主义者、女权主义者……假设在单位时间里源头数为 x 个，每个源头产生的需求为 y 个，那么，在单位时间里，企业文化所要应对的总需求数就是 $x \times y$ 个……由此可见，企业文化需要应对的需求文化是动态的、永续不断的。

理论上，企业文化所要应对的需求文化是无限的，而且有许多需求是相互矛盾的，因此，企业文化只能选择性应对。

比如，消费者需求的是消费文化，投资者需求的是利润文化，环保主义者需求的是节排文化，慈善界需求的是公益文化……当然，这里说不定还会冒出官场文化、酒场文化、黑社会文化……总之，这是一场复杂的多头博弈，企业必须判断出需求文化中哪些是主流、哪些是支流、哪些不入流，哪些需要急应、哪些可以缓应、哪些可以不应。

自然阶段

在自然阶段，出现了三种文化"三线会师，轮番主导"的局面——三条曲线形成"辫式结构"（见图5-1）。

辫式结构：辫子中的三股力量分别代表需求文化、本领文化、本能文化，三者即生即解，推动企业文化不断前行。

三种文化为什么可以"即生即解"？

以滴滴出行为例：你叫车，滴滴呼叫，司机响应，三者即生即解；你和滴滴结算车费，你评价司机，滴滴再和司机结算，三者也是即生即解……你的要求在需求文化曲线上，滴滴的系统在本领文化曲线上，司机的服务在本能文化曲线上，三者即时响应，轮番主导。

美团也是这样：你在美团上点了一箱牛奶，卖家立刻给你打包发来，三者即生即解；牛奶送到了，但其中有一盒压坏了，你在美团上上传图片，卖家立刻给你从网上退回一盒牛奶的钱，三者即生即解……你的要求在需求文化曲线上，美团的系统在本领文化曲线上，卖家的服务在本能文化曲线上，三者即时响应，轮番主导。

三自模型的本质

如果给企业文化的自发阶段、自觉阶段、自然阶段在企业自身成长上寻找对应阶段的话，大致应该是"人治时代""法治时代""共治时代"。

在文化建设上，本质规律其实只有一个，那就是从"约束人"走向"解放人"。什么样的"解放"是走向进化而不是走向退化？不是完全的他律，不是完全的自律，不是完全的无律，而是他律和自律的对抗式平衡。人治是随意化的他律，法治是标准化的他律，自治是使命化的自律——共治则是权变化的双律。

企业管理的最高境界是什么？有一段时间，我认为企业管理的最高境界是"自治"（自我管理）。后来发现，纯粹的"自治"并非最好的管理，正如纯粹的"他治"（被他管理）并非最好的管理一样。还是那句话，真理在中间。所谓"真理在中间"，就是这一极的存在，并不否认另一极的存在。在社会中，"大群目标"是个客观存在，"小群目标"也是个客观存在，"个人目标"还是个客观存在，而这三者不可能完全相同，这就决定了单纯的"自治"不可能成为最完善的管理，正如单纯的"他治"不可能成为最完善的管理一样。

从系统论的角度讲，有系统必有环境，自治是内部系统作用，他治是外界环境作用。所以：

$$完整管理 = 自治 \times 他治 = 共治$$

要是你让其中一项等于"0"，对不起，结果还真等于"0"。想想吧，在人类三大基本问题上，一个"色"，一个"食"，一个"言"（姑且在古人"食色，性也"的基础上再加个"言"），如果没有一点"他治"，世界将会怎样？关键是，如果没有"他治"，就连统一的标准也没有了，每个人都自行其是！基本问题如此，其他问题莫不如此。

无他治的自治等于自毙

大学毕业后，刘强东盘下了中关村附近的一家饭馆。之前，店员薪水很低，住在地下室，平时只吃剩饭剩菜，老板亲自把控资金。刘强东接手后，给员工涨了工资，改善了住宿环境，把采购权和收银权放给员工。由于管理松散，员工变着法子侵吞店里的钱，没过一年，原本盈利的饭店赔光了他的投入。

资料来源：《盘点十位商业大佬们的创业失败经历》。标题为本书作者所加。

所以，管理的最高境界是"共治"（自治与他治的平衡）。包括标准的确立，也是"共治"的结果。

卢梭曾经说过："人是生而自由的，却无往不在枷锁之中。"所以，管理的唯一出路是"共治"。

06 文化主体原理

第6章

企业文化的主体是人。

企业和企业为什么不同？因为人不同。

人和人为什么不同？因为心不同。

心胜则胜，心败则败。

这就是文化主体原理。

企业文化的主体是人。推动企业前进的是一个又一个的发轫者。

如何找来发轫者？需要借助"圈人运动"，由此提出"圈人三标准"。

圈人要圈心。如何发挥人的主体作用？人造文化，文化"造"人。企业文化的圆心是管"心"，圆周是管"行"。

发轫者根本论

那些给企业带来革命的人，我们把他们称作发轫者。

仔细想想，一切改善背后是不是总有一个发轫者？他是这项事业的"奇点"。这些发起人所发起的事物在起步时通常非常微小，根本看不出什么伟大来——就如参天大树总是起步于不起眼的一粒种子或一根枝条，皇皇巨著总是起步于不张扬的一个单词或一幅图画一样，但原点如奇点，绝小藏绝大，最终爆发出革命性的变化。"蝴蝶效应"与"多米诺骨牌效应"同样存在于企业中。

企业创始人无疑是企业的头号发轫者。其他人不做发轫者还能活，创始人不做发轫者就只能"死"。牛根生说："如果你想找罪受，那就去办个企业吧。"马云说："创业就是'惹祸'，你自己惹那么大的祸，怎么能指望让别人替你去扛？最重要的事情你必须自己扛。"宁高宁说，"过去我们经常说要靠体系，不能靠人，到现在我们越来越要相信，成功的企业还得靠人""确实是100个人里面可能只有一个人合适""这个人往公司里一坐，公司里的空气都变了，他的所有行为、思维、习惯、喜好，都会影响这个公司，时间越长越这样"。任正非说："一定要先有领袖再立项做产品，而不是产品立项了再找主管。"

那么，如何找来发轫者？

圈人运动

"人家搞圈地运动，他搞的是圈人运动。"一位秘书评价一位企业家。

圈地、圈钱、圈人，三者中谁最根本？当然是圈人运动——做什么事，最重要的是把能做这件事的人找来。

而且，找人存在一个"招人链"。业界认为："一流的人雇用一流的人，二流的人雇用三流的人。"成不成立，大家可以分析。

人第一，物第二。这个原则很简单，但做起来就难了。我们来看一个案例。

华为抢人不抢货

现在，在电信设备制造领域留下来的比较大的厂家，只有三家，华为、爱立信和诺基亚。

在竞争对手倒台（指2008年加拿大北电破产）之后，华为跟诺、爱两家的行为非常耐人寻味。

那哥儿俩是拼命地抢资产：设备、技术、专利、倒闭者的客户资源……白菜价，玩儿命"搂"。这些年，诺基亚基本上是把倒闭者的技术和生产设备，全都搂到自己怀里了；爱立信则收集倒闭者的客户资源。这些东西，华为都看不上。华为抢什么？抢人。

资料来源：工业智能化，《技术大拿张宇平聊华为》，2019年6月15日。题目是本书作者所加。

任正非说:"修桥、修路、修房子只要砸钱就行。但芯片砸钱不行,得砸数学家、物理学家、化学家……"

牛根生有句话说得很到位:"请来绵羊,一千头都不行;请来狮子,一头就管用。"事实也的确如此,李开复讲过一个经典案例:快手从谷歌挖了一个人,结果一年之内把日活跃用户数量由60万提高到了1300万!

不过,圈人运动始终是双向的——人选圈子,圈子选人。曾子说:"用师者王,用友者霸,用徒者亡。"能不能圈住"巨型脑袋",关系到事业的成败。下面看一则蒙牛的案例(我因为在蒙牛干过,所以,在本书中撰写的蒙牛案例会多一些)。

"我是一台印钞机"

牛根生是圈人运动的好手。他曾说:"我其实管的只是思维方式的革命,思维方式一旦定了,专业的事自有专业的人去完成。"在谈到创业班底时,牛根生曾说自己"做牛奶不如杨文俊,做冰激凌不如孙玉斌,做策划不如孙先红,写文章不如张治国"。能圈住专业上比他强的脑袋,这是他成功的一大秘密。

反过来,牛根生也给过别人"圈"他的机会。

话说在牛根生创办蒙牛前夕,内蒙古有个乳品企业的老板想聘他做左右手。谈话是在内蒙古饭店进行的。令老板意外的是,刚刚被郑俊怀"驱逐出境"的牛根生,居然开出"天价":第一,以无形资产入股;第二,必须控股。老板不允,反问"凭什么"!老牛慨然应道:"我是一台印钞机!"谈判不欢而散。仅仅4年后,牛根生做出一个全球液态奶冠军。而那个老板呢?产品始终没能走出内蒙古。很可惜，那个老板没福气圈住"巨型脑袋"——他不能用"师"，所以他未能成"王"。

圈人三标准

做企业就是做脑袋。那么，怎样才能圈住"巨型脑袋"？标准千千万，但我认为有三条标准是根本性的，简称"圈人三标准"。

一是"能标准"。

二是"干标准"。

三是"局标准"。

能标准

这世上有两种人：一种人抱有"能哲学"，一种人抱有"不能哲学"。

这两种人有什么区别呢？我们来看案例。

伟大与渺小只差一念

企业和企业为什么不同？因为人不同。人和人为什么不同？因为心不同。心胜则胜，心败则败。

2002年，我到蒙牛的第一件事就是进行冰激凌市场调研。当时，伊利在呼和浩特推出一个冰激凌竞争策略：通过投放冰柜或补贴电费的方式独占渠道。结果，无论固定店面，还是流动冰柜，"伊利十之八九，蒙牛十不一二"。

面对危局，蒙牛冰激凌业务的负责人和总裁牛根生有过一场对话。

冰激凌业务的负责人说："我们竞争不过人家的。我们钱有人家多吗？没有。我们品牌有人家响亮吗？没有。我们队伍有人家大吗？没有。你看，钱没人家多，品牌没人家响，队伍没人家大，我们怎么打得过人家？"

牛根生说："闹了半天，你到今天才知道我们不如人家啊？我是早在1999年创建公司的时候就知道我们不如人家呀！那时候，我们的品牌是零，人家是全国品牌；我们的钱是零，人家是十几个亿；我们只有几颗脑袋，人家是成千上万……当初我们一切为零的时候，敢闯出来；现在已经有了一定的积累了，反而不敢再打硬仗了吗？"

从这里我们可以看出，这两个人中，一个人坚持的是"不能哲学"，另一个人坚持的是"能哲学"。事实上，做任何一件事总是既有能的条件，也有不能的条件。那么，拥有"不能哲学"的人，盯着不放的是"不能的部分"，因为认为不能，所以真的不能（尤其上面这个例子，"不能"的理由是多么充分）！而拥有"能哲学"的人，盯着不放的是"能的部分"，于是跨越千山万水，把常人眼中的不可能变成了可能。简言之，"能者见能"与"不能者见不能"只差一念，我把它绘制在图6-1中。

通过这样一番谈话，打消了冰激凌团队的顾虑，于是他们放开手猛干。结果仅仅过了两年，到2004年年底的时候，蒙牛冰激凌便成为全国第一品牌（根据实际销量）。这就是：拥有"能哲学"的人可以把不能做成能，拥有"不能哲学"的人可以把能做成不能。换句话说：先有胜心，后有胜事——说能的人，可以把渺小做成伟大；说不能的人，可以把伟大做成渺小。

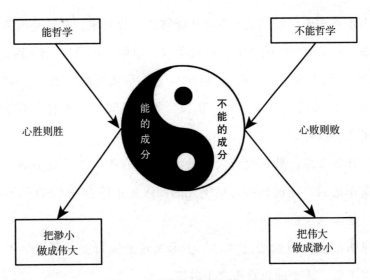

图 6-1　伟大与渺小只差一念

　　人的认知是不断升级的，认知一旦升级，许多原来处在"不能域"的事情就会进入"我能域"。我一度认为"明知不敌也要亮剑"这个观点值得商榷，不应做无谓牺牲。今天想来，这完全是"空对空"之论，因为所谓敌与不敌，不只有理论判断这一重，还有实践检验这一重，理论上判断不行的实践上不一定不行，理论上判断行的实践上不一定行，否则，历史上那么多以少胜多、以弱胜强的案例，压根儿就不会有！做企业本质上是一种实践，尽管离不开"算"——《孙子兵法》就说"多算胜，少算不胜，而况于无算乎"——但归根到底不是"算"出来的，而是"做"出来的。你还没做，怎么知道什么事可能，什么事不可能？世界 500 强也是从"1 岁"做起的，哪个"1 岁"的企业比行业老大还要有胜算？要是没有"亮剑精神"，不就只有"躺平"这一条路了吗？

　　2017 年 9 月 12 日，牛根生对老牛基金会的人讲："我……（笔者隐去了一句他自谦的话）为什么能够比一般人成功？就是因为我一贯争取。只要有1%的可能，我就争取，争取，再争取，结果就变成了100%。没有这个'争取'，那99%是不可能有的。第一个99%没有，第二个99%更加不会有。所以，凡事争取就可能有，不争取一点儿机会都没有。"

李开复介绍：著名投资人尤里（Yuri）在投资了扎克伯格、刘强东、雷军之后，他说这些百亿美元的超级独角兽企业CEO的共同特点，一是偏执、自信和强大，二是敢往大了想。

风帆都能使帆船通过"之"字形实现逆风行驶！所以，不仅要敢往大了想，还要敢想常人之不敢想。

伟大的"不倒翁精神"

无论是商界，还是学界，一蹴而就的例子少之又少，百折不挠往往是成功的"标准范式"：在创办微软前，比尔·盖茨经历过创业失败；在创办亚马逊前，杰夫·贝佐斯经历过创业失败；在创办三一重工前，梁稳根经历过创业失败；在出版《哈利·波特》前，J.K.罗琳经历过无数次"被退稿"……

所以，我们需要重新审视成功和失败。

什么叫成功？眼下的成功不叫成功，也许它是暂时的；成功后放手，才叫成功——成功被定格了。

什么叫失败？眼下的失败不叫失败，也许它是暂时的；失败后放弃，才叫失败——失败被定格了。

创业就是走迷宫，一点弯路不走是不现实的。旱而不死的苗，根扎得才深；痛而不倒的人，局撑得才大。

视角改变一切，痛苦也有"绊脚石"视角与"垫脚石"视角之分。

"想过成功，想过失败，但从来没想过放弃。"所谓巨人，其实也是"相对论"：许多人在试错阶段颓然倒下，唯他独立寒秋，遂成巨人。打而不倒，倒而再立，屡倒屡立，炼成不倒翁。

如果说在招聘上有什么原则的话，第一条标准就是要招抱有"能哲学"的人，他们也是最大限度地拥有"不倒翁精神"的人。

稻盛和夫的经营哲学中有一条就是"追求人类的无限可能性"。他说，在工作中能够实现新目标的是那些相信自己拥有可能性的人。

什么是能人？"能人"新概念——敢于说"能"的人！

作为部下，永远不说"不可能"

给下属布置任务的时候，你有没有碰到过这样的情形：你刚刚说完，他就说"不可能"！这时候，你是不是心里特别烦？

有一种人，他还没做，就说不可能。"不可能"三个字，像"五指山"一样压住了他。但请注意，这座"五指山"不是如来佛压上去的，是他自己压上去的——这就叫"自我设限"。如果是一个人，就害了自己；如果是一个经理，就害了团队；如果是一个总裁，就害了组织。

什么叫作"不可能"？无非是欠缺一些条件而已。缺什么条件，你解决了不就完了嘛！有时候这个条件在本企业内部调动资源就能解决，有时候需要动用企业外的社会资源才能解决，但总有解决之道，这就叫"只要思想不滑坡，办法总比困难多""有条件上，没条件创造条件也要上"。

作为下属，永远不说"不可能"。作为奋斗者，最好像拿破仑一样把"不可能"三个字从你的辞典中剔除。你所谓的"不可能"，是基于你的眼界所说的，但这个世界到处都是你眼界之外的未知物，总体来说，你有两大"未知域"：外世界，全球 99% 的部分你一无所知；内世界，你自己 90% 的潜能尚未被开发。还没探寻"未知域"，就妄言"不可能"，这不是自毁前程吗？轻轻地这么一说，之于你，奋斗之火重重地熄灭了；之于你的上司，期望之光重重地抹掉了！

"能标准"小结：坚持"能哲学"的人，可以把渺小做成伟大；坚持"不能哲学"的人，可以把伟大做成渺小。"能人"新标准：敢于说"能"的人！

干标准

干标准是什么意思呢？我们先列三句话：

实践是最大的师傅。
使用是最大的培养。
圈养是最大的伤害。

这世上哪有天才，都是地才

伦敦的心理学家做过一项实验，就是对照伦敦出租车司机与公交车司机的脑部图。结论是：前者的海马区要比后者的海马区复杂一些。

原因不说你也猜得到：出租车司机每次所走的线路都不一样，公交车司机几年都走同一条线。用进废退嘛！

所以，我说：总统小时候尿过床，部长曾经拖着鼻涕，教授最初不会写字，音乐家一开始不会唱 do、re、mi……这世上哪有天才，都是地才。脚踏实地之才！

承认"地才"，就得承认"实践是最大的师傅"。古语"宰相必起于州部，猛将必发于卒伍"，说的就是这个道理。

从 0 到 1 中，招来没干过的人，很大可能是 0 的重复；招来干过的人，很大可能是 1 的累加。干过和没干过的比值是多大？是 1:0=∞！

干过和没干过，其差别不止于此：干过的人有敬畏之心，没干过的人"无知者无畏"。下面这段话是我在微博上发的：

"无知者无畏"，在国内是个定性箴言，在国外则是个定量效应——"达克效应"：能力低者会高估自己的能力，能力高者会低估自己的能力。

邓宁与克鲁格两位学者通过定量研究给出了答案。比如，在逻辑推理能力的测试上，测试成绩只有 10 多分的一组，给自己的估分是 60 多分；测试成绩高达 80 多分的一组，给自己的估分是 70 多分——总之一句话，能力越差的人，越会高估自己。这给我们两个启发。

（1）研究方面的启发：对一些定性箴言，进行定量研究，也可取得石破天惊的成果。

（2）如果我们觉得一件事简单而其实之前并没做过，那么，这个当口就是一个需要万分警惕的"关键时刻"。

现在还有一个好消息！虽然人的大脑神经元在成年后逐年减少，但科学家发现两个新情况：一是大脑某些部位（目前认为的是侧脑室下层和海马齿状回两个区域）的神经元是可以再生的；二是用脑部位的大脑灰质会变厚。"灰质变厚"有两种可能：一种可能是大脑神经元的数量在某些局部是可逆的，善用脑可增加神经元，至少是减中有增，比如减10增1；另一种可能是勤用脑虽然不增加大脑细胞，但能增加突触。不管是哪一个事实，都传递了一个福音——干，能够富脑！

依我看，所谓聪明人，一言以蔽之，就是暂时神经联系发达的人。

选领导优先选那些经历过"全环节"的人

现实中，我们经常可以看到两种出身的领导：一种是一步一个脚印上来的；另一种是坐直升机上来的。从大概率上讲，坐直升机上来的，也会坐直降电梯下去。为什么？因为他没有经历过"全环节"。

什么叫"全环节"？

"全环节"的第一个含义是：从理论到实践"两全齐美"。这世上有的人是理论家，有的人是实践家，但作为事业领袖，最好两全其美，否则就是"跛脚领袖"。

"全环节"的第二个含义是：纵向上从低端到高端"一贯而通"，横向上从这头到那头"一览无余"。

经历"全环节"有什么好处？一个好处是具备"全局视野"，不会见木不见林；另一个好处是具备"全线经验"，谁想骗他都不容易。

国内国外所谓"轮岗"及"到基层挂职锻炼",目的只有一个,尽可能经历"全环节"。东方朔说:"用之则为虎,不用则为鼠。"从这个意义上讲,使用是最大的培养。从"无知"到"有知",从"无为"到"有为"……多踩一个有效点,多走一段醍醐路,就有可能多创一份人间福!

局标准

企业招人,格局第一。

招对了,招来一个"扛鼎"的人;招不对,招来一个"杀你"的人!

七种格局

人的格局,可以有多元划分体系,但最简单的是以"决策框架"为标准进行划分,这样,我们就可以分出七种格局:一人局,二人局,家庭局,单位局,国家局,天下局,宇宙局。

我们依次来看。

一人局。

其决策框架,就是只盯着自己,忽略别人,忽略世界。

一人局的成因,大致有三:极喜,极悲,极自私。

极喜之人,容易得意忘形,以为老子天下第一,从而成了孤家寡人。

极悲之人,容易失意忘形,喜欢把自己藏起来,如同隐士一般。

极自私之人,容易一叶障目,为了自己的一把米,可以损失他人的半亩地。

自尽的人，受点压力就精神失常的人，多数属于一人局。

二人局。

其决策框架，就是只盯着二人，忽略万万人。

比如常有这样的新闻爆出：一对情侣分手，男方丧心病狂动刀子……想想吧，全世界有 70 多亿人，有一半是女人，对于这个男生来说，适龄女子好几亿，况且爱情是没有年龄界限的……但他全然无视，独独盯着这位女子，这就是陷入二人局跳不出来。

真功夫的两位创始人，在公司里的股权各占 50%。起初，二人同心，公司崛起；后来，二人纷争，公司沉沦。为什么古人一面说"打仗亲兄弟"，一面又说"亲兄弟明算账"？因为"二人局"也存在两面性：在耕耘阶段，倾向于合作；在收获阶段，倾向于冲突。

从另一方面来说，"送人关"和"招人关"一样重要：送好了，送走的是一尊佛；送不好，送走的是一个魔。

当然，只考虑二人世界的幸福，余事不管。这也是一种二人局。

家庭局。

其决策框架，就是只盯着家庭，忽略非血缘关系。

一个人手持国之重器，心里想的却是一家私利，这就叫德不配位。重视家庭没有错，但如果因家忘企，因家忘国，那就属于家庭局。

单位局。

其决策框架，就是只盯着单位，忽略单位之外的世界。

你有没有遇到这样的人，他们在单位里死掐，什么岗位之争、部门之争，寸土必争，搞得乌烟瘴气，那就是一个单位局，一种窄幅竞争，忽略了全社会的宽幅竞争。在单位里受到一点挫折就自暴自弃的人，也是单位局，他忘记了大千世界。还有，为了本单位的利益，铤而走险，则陷入了狭隘的"部落效应"的陷阱。

国家局。

其决策框架，就是只盯着本国，忽略全人类的普遍公理。

天下局。

其决策框架，为整个天下。

当年八国联军火烧圆明园，法国作家雨果在《就英法联军远征中国给巴特勒上尉的信》中谴责道："在历史面前，这两个强盗分别叫作法兰西和英格兰……我希望有一天，法兰西能够脱胎换骨，洗心革面，将这不义之财归还给被抢掠的中国。"这就是天下局。

宇宙局。

其决策框架，为整个宇宙。

防范太空垃圾，就是一种宇宙观。

在上述每个局里，如果按时间维度划分，都包含了两个重要的分局——"即时局"与"历史局"。只权衡当期利弊的，就是"即时局"；既计当代利，又想万世功的，就是"历史局"。

决策质量：局大优于局小

成功者和失败者在"局"上有什么区别？成功者"局"大，失败者"局"小。

怎么讲？**无论决策什么事，局大优于局小。**

打个比方："局"从小到大可以分为点局、线局、面局、体局。点上正确的事情，线上不一定正确；线上正确的事情，面上不一定正确；面上正确的事情，体上不一定正确。所谓大战略家，就是身在方寸心在千里的人，就是善于把小问题放到大格局中思考的人。一句话，就是在"小局—中局—大局"的"全格局"中穿梭自如、循环思考的人。

现在我们以可口可乐的真实局来说明"局大优于局小"的决策问题（见图6-2）。

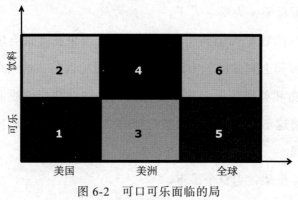

图6-2　可口可乐面临的局

在图6-2中，可口可乐最小的局是"1"：

$$局1 = 美国 \times 可乐$$

在"局1"中决策，可口可乐与百事可乐是一对死对头，当消费者总量不增长的时候，它们之间进行的是零和博弈。

但可口可乐变一下局呢？来到一个更大的局，比如"局（1+2）"：

$$局（1+2） = 美国 \times 饮料$$

按照我们的设想，决策质量"局大优于局小"，那么，可口可乐在这个扩大的局中应当能做出更优决策。而历史上，可口可乐还真在这样一个"较大局"中做出过一个优于"较小局"的决策。

20世纪80年代，面对百事可乐对市场份额的鲸吞蚕食，可口可乐的决策层反思过一件事。他们问自己：美国人平均一天喝多少饮料？答案是14盎司（1盎司等于29.27毫升）。可口可乐和百事可乐在其中占多少？答案是2盎司。于是，他们不再把百事可乐作为竞争对手，而把精力放在扩大自己在消费者胃里所占的比例上（即与那12盎司的水、茶、咖啡、果汁等液体饮料展开竞争），于是，在每一个街头都摆上了贩卖机。从此，销售量节节上升，竞争者再也没有赶上。

由此我们可以继续推理，不管纵向还是横向，企业每扩大一个局，都可以做出更为优秀的决策。在"局（1+2+3+4+5+6）=全球×饮料"这个图中的最大局中，可口可乐应会做出更具战略优势的决策。事实上，可口可乐走出美国后，成为风靡全球的饮料。

再回顾一下前面提到的，处不成对象就动刀子的人，仅仅局限在二人局，而没进入亿人局；在单位受到一点挫折就自暴自弃的人，仅仅局限在单位局，而没进入社会局。把局放大一点，就没有什么想不开的事；溺在太小的局中，遇到再简明的事，都有可能变得不开明。

在图6-3中，横轴代表从小到大的局，每个较大局都包含了前面的较小局。纵轴代表每个人、每个组织所面临的三项基本任务，即生活、学习、工作。在不同的局中决策这三项基本任务，决策质量是不一样的，一般地，在较大局做出的决策质量优于较小局。

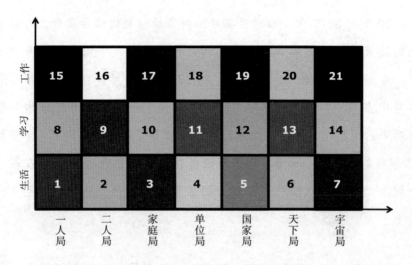

图 6-3　决策质量：局大优于局小

在小局里解不开的谜，到了大局里简直就不是问题。在小学数学里，那些整体与部分的计算问题简直绕死人；但到了中学数学，一个方程式就让答案简单明了地呈现出来！跳高一层想问题，局大了，出招自然高。

位与局

我很早就观察到：地位提升人格。

一个普普通通的人，平时想的也就是自己的一亩三分地，突然有一天升了职，就像换了个人似的，格局一下子宏大起来，"在其位谋其政"，不再只计较个人的小九九了。

但如果地位提高了，格局没有提高，就会形成"位局错位"。"局不称位"，"位"就难以持久，甚至"因局毁位"。比如贪官，有的位已至省部，局却限于家庭，最终锒铛入狱。

砍头式误区

2014年，我在公司写了一段话：招聘要注意一个问题，一定要招那些在自己管辖范围内能"制造系统"的人。一个不能"制造系统"的人，即使在原公司特定系统里很能干，到了新的公司，由于没有原先那个对应的系统，也会成为无用之人，即砍头式误区：头砍过来了，没有相应的身子与之匹配。

2015年2月，我把它改写成一首管理诗《砍头式误区》：

花大代价从别的企业挖过来一个人，
来了成了摆设，
没什么结果。
什么原因呢？
"头"砍过来了，
"身子"并没移过来。
"身子"是什么？
使他做出成绩的那个系统、文化及土壤。
有的人了不起，
他能给你造个"身子"出来；
多数人不能"造"，
若无匹配的"身子"，
请你不要"砍头"。

企业文化的圆心是管"心"

圈人运动，既含"圈人"，也含"圈心"。

企业文化既要管"心"，也要管"行"，以管心为圆心，以管行为圆周（圆周之内自由行，越过圆周受惩罚）。

在圆心和圆周之间，有大量的空白地带，这个地带关键靠心的经营，属于灵魂工程。所谓"得人心者得天下"，说的就是管心的意义。

用人有"四服"：心服、口服、手服、脚服。其中以心服为首。蒙牛方法论说：心不服者，你用再多的绳索、再多的鞭子、再多的铁丝网，也只能监管一时，不能永远起效。心中有爱者，会弥补管理中的漏洞；心中有恨者，会放大管理中的漏洞——只要你的"铁腕统治"还没达到"全覆盖"的地步，还存在"真空地带"，那么，他就会寻机背叛。

春秋时期，宋国大将华元杀羊犒兵，独不给自己的车夫羊斟。结果，羊斟心恨难平，开战后，驾车直奔郑国军中，让华元做了俘虏。由此诞生了成语"各自为政"。

> 将战，华元杀羊食士，其御羊斟不与。及战，曰："畴昔之羊，子为政；今日之事，我为政。"与入郑师，故败。（《左传》）

羊斟以私败国，华元则是以心败国——缺乏经营人心之心。

当然，管心与管行多数时候并不矛盾：思想可以诱导行为，"有斯心方有斯行"；行为也可以诱导思想，"有斯行方有斯心"。

人们常说的"使命激励""愿景领导""价值观领导"，就是文化管心的一部分。

彼得·德鲁克说："管理的本质是激发每一个人的善意。"这应该是管心的极致了。

但是，千万别忘了，管心也许是最难的！"让'为自己干'控股"能管心，管理者和员工双向感恩能管心，但都不够。缺什么就会喊什么，缺口就是入口。

文化管心是否有效，衡量标准只有一个：员工的心灵定位如何。

员工的心灵定位，是指员工对"我企关系"的认知状态。可以分成三类：

我的心态——我企同一。

你的心态——我企背离。

共有心态——我企同盟。

"我企同一"，即人们常说的"主人翁精神""所有者心态"。它包含两重认同：我是企业的我，企业是我的企业。这有点像民族认同感——我是某民族的我，某民族是我的民族。行为表现：我为企业全力以赴，我不容许别人拖企业的后腿，我和企业荣辱与共。

"我企背离"，即人们常说的"旁观者心态""打工者心态"。把企业的某些人定位为"所有者"，而把自己定位为"打工者"，所以，进退全凭一个"利"字。

"我企同盟"，企业是大家的，我们是同一面旗帜下的同盟军。"我的心态"，使命感与归属感最强，是全力以赴的奋斗者。"你的心态"，斗争往往胜过合作，独赢往往挑战共赢。"共有心态"，使命感强，同时又是去中心化的，也许会成为未来的主导模式。

最后补一句：文化是软的，但执行是硬的，要用制度来保底。

涉及管"心"的若干讨论

文化管"心"，一方面是解决人心向背的问题，另一方面是解决生产力高低的问题。在这里，我们要讨论五个对比概念。

"进度思维"与"进钱思维"

我们经常讲"没有幸福的员工，就没有幸福的用户"。那么，员工幸福的第一要素是什么？我在《进度是幸福之母》中回答了这个问题。

进度是幸福之母

东激励，西激励，进度是最大的激励。这幸福，那幸福，进化是最大的幸福。

1. 意义引擎

在企业里，员工最高兴的事是什么？

"发钱！"有人脱口而出！

那么，最能让员工铆足干劲的事是什么？

肯定不是钱。而且结论与大多数经理人臆测的相反。

曾经读到一项调查，忘记出处了，但我认同它的结论：

问题：下面五种工具，哪种最能激励员工？

A. 为工作进展提供支持。

B. 对优秀表现给予认可。

C. 奖励措施。

D. 人际关系支持。

E. 设定清晰目标。

答案：A. 为工作进展提供支持。

也就是说，东激励，西激励，最激励员工的莫过于每天都有成就感！

成就感来自什么？来自工作有进度。

工作有进度，就说明这一天过得有意义；工作无进度，就说明这一天过得没意义。

意义是人生的"第一引擎"。

2. 进度管理

如何做好"进度管理"？

日本有过"看板管理"，美国有过"记分牌管理"。这些都可借鉴。"进度板"，可以是办公区的图文版，也可以是微信群的电子版，还可以是其他任何版本。总之，"进度板"要做到团队内部"人人可见，可见人人"。上下左右前后皆通，可互激（你的进步惊到了我），可协同（我们一起搭把手），可借力（有你这桥我可以过河了）。进度管理，由此实现。

"拇指文化"与"小指文化"

针对下面这个问题，请给出你的答案：一个不断表达批评的团队（小指文化），和一个不断表达欣赏的团队（拇指文化），哪个团队做出的结果更好？

20世纪80年代，社会上有句话非常流行："说你行你就行，不行也行；说你不行你就不行，行也不行。"按照罗森塔尔效应⊖来讲，这是真的；按照人的潜能通常有90%未开发来讲，这也是真的。期许，能把那90%的潜能激发出来；贬损，会把那90%的潜能冰封起来。当然，根据心理学研究结果，"把成绩归功于聪明"式的表扬是错的，会导致回避挑战以维护"聪明"；"把成绩归功于努力"式的鼓励是对的，会带来迎接挑战以证明"努力"。

拇指文化是"盯长文化"，小指文化是"盯短文化"。一般情况下，盯长则长，盯短则短。当然，相对于"不盯"，凡"盯"都能进步——盯长盯短都是关注，关注就是一种激励（西方的霍桑实验证明了这点）。

"主体主义"与"工具主义"

不要把你的员工当工具！如果你"工具"他，反过来他也会"工具"你。

工具是什么？工具是耙子、铲子、棍子、勺子。你不上刀山，却让它上刀山；你不下火海，却让它下火海；你不入油锅，却让它入油锅；你不沾粪土，却让它沾粪土……于是啊，你得名了，增利

⊖ 罗森塔尔效应，又称人际期望效应。1968年，美国心理学家罗森塔尔等人在一所小学做过一项试验。他们以"对学生做发展预测"的名义，郑重地向校长与教师提交了一份"最有发展前途者"名单，并要求教师保密。这份实际上由试验者随意抄写的名单甚至包括了一些被教师厌弃的学生。8个月后，心理学家惊奇地发现：在教师不自觉的关注下，凡是列入名单的学生，智力都有较快的发展。他们活泼开朗，求知欲旺盛，与教师感情深厚。试验结果证明，如果学生感受到教师发自内心的爱，他就会以极大的努力向教师所期望的方向发展。

了，甚至流芳百世了，但它只有一个命运——磨损。

既然如此，只要有机会，它就会反过来让你上刀山、下火海、入油锅、沾粪土！

把员工当工具的人，有意无意会染上"限制人"的文化观，塑造"互敌关系"。

把员工当主体的企业家，比把员工当工具的企业家收获更丰！

松下幸之助的故事

1930 年，面对全球经济危机，松下幸之助的两位助手建议裁掉一半员工，但松下幸之助却做出决定：一个员工也不裁，只是把全天班改为半天，工资全额支付，只要求员工把库存的产品销售出去。结果出乎所有人的预料：这一年，松下收获了历年来最高的销售额！

乔布斯让每个设计师在所设计的电脑零部件的背面签上名字，成品电脑拆开后，人们可以看到这些名字。这就是一种"发轫者思维"。

员工是你最重要的资产。对员工，少一些工具主义，多一些主体主义。

"家论"与"非家论"

"我们是一个大家庭！"公司里经常有人这样讲。

谁把这句话当真，谁就可能心理失衡。

2006 年，我曾对一位老板秘书说："如果你把公司当家，迟早有一天，你会流泪的！"为什么会流泪？因为在你和利益之间需要"二选一"的时候，公司有可能选择利益。当这种事发生的时候，你的"家人心态"无法安置，被迫流浪，于是，你流泪了。

联想当年提出"公司是家"，但最终以2004年联想大裁员时一篇《公司不是家》的员工心声画上了句号。

2016年，陈春花旧事重提，写了《公司不是一个家》，试图从理论角度回答这个问题。但她的回答有许多值得商榷的地方，甚至可以言之为错。

错误一： 陈春花说：家庭是讲情感的地方，不是讲目标、责任、权利的地方；公司是讲目标、责任、权利的地方，不是讲情感的地方。

实际： 公司讲目标、责任、权利，家庭同样需要讲目标、责任、权利。例如，家庭要讲目标：收入目标（在公司则是盈利目标），教育目标（在公司则是员工发展），声誉目标（在公司则是品牌目标）；家庭要讲责任：赡养责任（在公司则是社会保障），抚养责任（在公司大概是薪资保障），婚姻责任（在公司大概是责任状）；家庭要讲权利：财产权（在公司则是股权），生育权（在公司大概为新产品的发明创造权），婚姻权（在公司大概是聘用权与解聘权）。

凡是目标、责任、权利趋于明确的家庭，一般都是成就较高、争议较少、各就其位的家庭。凡是目标、责任、权利毫无章法的家庭，往往就是年头少计、年终少收、抱怨推诿、混乱不堪的家庭。俗话说"吃不穷，穿不穷，打当不到受一辈子穷"，这个"打当"，就是规划，当然包括目标、责任、权利。

最早的企业是不是由家庭发展而来（存疑）？有志于此的学者可以研究。

错误二：陈春花说："好公司"可以讲情感，"正常公司"可以不讲情感。

实际：不讲情感的公司是不存在的。公司也是个讲情感的地方，只不过讲的是与规则同方向的情感，而不是反方向的情感。

当情感与规则不一致的时候，情感服从规则。在这一点上，无论是"好公司"还是"正常公司"，两者没有区别。

当情感与规则方向一致的时候，这种情感要大讲特讲。

人的属性就是社会性，社会性决定了人与人之间的关系不是冷冰冰的机器与机器之间的关系，而是有智慧、有情感、有交换、有权变的关系。谁说"讲目标"就不能"讲情感"？如果员工对公司的目标没有情感，那就是一个被动的目标，自组织在这个公司就会失去效能。谁说公司对员工不能讲情感？照顾人的尊严就是讲情感，这种情感能让员工更上进，员工上进公司才能更上进……"我们都是无情人，我'工具'你，你'工具'我"，这个肯定不行。

彼得·德鲁克讲，最不称职的管理者就是那种破坏员工积极性、创造性的管理者。而在管理者破坏优质员工资产的因素中，犹以那种高高在上、颐指气使、完全不照顾员工尊严、与员工形成情感敌对的管理者，对员工能量的破坏力最大！

修正了上述两个错误观点，那么，有人要问了：为什么公司不是家？

公司不是家，因为它们之间有两个差别非常突出。

第一，缔结纽带不同。

家庭主要以基因利益为纽带，公司主要以经济利益为纽带。

人的利益是有差等的。如果把生命权和遗传权等"基因利益"

归为第一序列，那么，金钱、地位、荣誉等"衍生利益"就只能屈居第二序列了。

公司与员工之间，基本上都是劳动、资本、生产资料、报酬、地位、荣誉之间的交换，这些利益可以和基因利益相提并论吗？当然不可以。基因利益是"永生之门"，具有不可替代性、不计代价性，亲子关系是不可置换的。经济利益呢，是可以替代的、可以计算代价的，公司和员工之间利则双合，不利则两分。

第二，分配方式不同。

长青教授[⊖]曾建议我研究一下"企业与家"。他说："在家里，小孩不挣一分钱，但在分配上，对小孩不仅不执行按劳分配，甚至供给得比挣钱的大人还多……这在企业里是不可想象的。"长青教授的本意是，让我研究下家庭有哪些"长寿"基因是值得企业嫁接的。

在公司里，基本的分配方式是按贡献分配。这种贡献可以是多元的，有人出资，有人出力，有人出物，但归根结底是按贡献分配。在家里呢？孩子赤条条而来，你却要用大量财力从里到外武装他，舍己为孩。这当然不是按劳分配，不是按贡献分配，也不是按要素分配。这是按什么分配？这是按基因分配。

所以，企业≠家。一方面，管理层不要欺骗性地说"公司是家"；另一方面，员工也不要天真地以为"公司是家"。

凡是拿出家庭的幌子来说教的老板，不是存心欺骗，就是知识有限。

⊖ 长青教授，内蒙古工业大学经济管理学院院长，北京大学学士、硕士，天津大学博士，教育部新世纪优秀人才，入选"影响内蒙古经济的10位经济学家"。

所以，公司和员工的关系，就是交换关系。谁的贡献大，谁的发言就最有分量。

"文化"与"奴化"

要警惕一种现象，就是用信仰来奴役人——有些企业所谓"文化"，其实等于"奴化"。

看看这些怪象：1995年，有饭馆出现"跪式服务"；2007年，有企业规定"服从无条件，不许质疑上级对与错"；2012年，有网企约定"谁不倒立谁走人"；2016年，有外企老板让中方员工台上下跪……这些"不管你的尊严，只管我的意志"的做派，实际上都是对员工的奴化。

时代在变，未来奴化现象可能不再那么直露了，但仍会以隐蔽的方式不时"复辟"，这是需要我们警惕的。

07 文化基因原理

第7章

　　企业文化就是企业基因，基因的意义在于复制，即精神变精神，循环的人越多意味着基因复制越成功。这就是文化基因原理。

　　文化场是一个基因系统，人往往不是独立的人，而是"场人"，是被植入企业基因的"场人"。文化场所形成的总体驱动力，就是士气。雪崩也是一个场，在这个场中，每一片雪花都无所谓"自由意志"。

强大的企业可以形成自己的文化场。文化场是一个基因系统，人往往不是独立的人，而是"场人"，是被植入企业基因的"场人"。我们知道，荣格的集体无意识理论强调人一生下来并不是白板，而带有先辈留存的意识烙印，即"先天烙印"。事实上，在一个企业浸润久了，也会形成这个企业独有的"企业型集体无意识"。这个企业的文化会进入员工的潜意识领域，这是"后天烙印"。文化场所形成的总体驱动力，就是士气。

雪崩也是一个场，在这个场中，每一片雪花都无所谓"自由意志"。

在本章，我们首先讲文化场里有两股气，一股将气，一股士气，将气引导士气。接着讲三大基因工程：第一，如何打造将气；第二，如何打造士气；第三，如何链接社会打造"共享基因库"。最后讲"文化场的秘密"。

先有将气，后有士气

2020年9月13日，我写了篇公众号文章《论将气》，核心观点讲的是"先有将气，后有士气"。

人做事，是要一股子气的。有气，一气呵成；没气，十战九败。

平时我们讲得最多的是"士气"。但"士气"从哪儿来呢？这让我想到了"将气"。将气者，领头人之气也。也许世上本没有"将气"这个词，那就算我生造的吧。

长青教授最近给我发了一个材料，那个材料中让我印象最深的是一个产品案例：今麦郎的"凉白开"。

一看到这个案例我就被惊到了：世上有矿泉水、纯净水、维他命水，它居然创新出一个"凉白开"！如果今麦郎也走前人的老路，依样画葫芦，那么，它什么时候才能出头呢？然而，它不走寻常路，一个"凉白开"就创造了一个新品类，并且形成垄断之势！

试想一下，要是今麦郎推出的是"矿泉水"，而不是"凉白开"，这两者所产生的士气会一样吗？当然不一样。这就是"将气"决定"士气"。因为只有"将"才能决定公司出什么产品，不出什么产品。

我写文章也是需要"气"的。如果早晨起来第一件事就是写文章，往往一气呵成；如果吃饱了，喝足了，然后悠悠然打开笔记本电脑，那"气"也有，但断断续续，属挤牙膏式写作。

一个人自己身上有没有"将气"与"士气"之分呢？我认为是有的。有愿景就是有"将气"，做起事来就会意气满满，这就是"将气"带动"士气"；没愿景就是没"将气"，干什么事都提不起劲，这就是没"将气"带来没"士气"。

于是，联想到孩子的学习。关键也在于"愿景"这个"将气"：有此气，小小的推动，大大的成功；无此气，一切推动都只是"推一步走一步"，甚至"推而不动"，甚至"推而逆动"。

将者，士者，本诞生于军队。所以，我们还是要讲讲军队。同样一支军队，在这个将领手上是一个样，到了那个将领手上立刻变成另一个样。可见，将气虽是"领头人之气"，但还得注解一下，它绝不仅仅是乐观之气、豪放之气，关键是本领之气。有本领，能打胜仗，就有士气；否则就无。所以，"将气"的本质是"胜气"，有"胜气"才有"士气"。

再说说什么样的人能有将气吧。

"专业的人做专业的事",这是我们最久的迷信之一。但我最近对此产生了反思。因为我想到,"研究多年"有时候就是一个并不可笑的笑话。李广研究匈奴多年,但17岁的霍去病一个横空出世,就胜过李广许多年!中国移动研究"飞信"许多年,但一个"微信"就让原来的巨无霸望尘莫及!所以,"专业的人做专业的事",只限于常规,可能难寄望于突破——对打造"将气"来说,"专业的人"可能是辅航道,而不是主航道。这也是"盲端"和"侧枝"的关系,可别"点错将气树"。

"东吴的将管东吴的兵",这是另一个久远的迷信。反例呢?麦克阿瑟管理日本就不说了,那是刺刀下的强迫。戴明的质量管理,在日本是自觉自愿吧?更远的还有孙武用兵,商鞅变法……当然,你可以反驳说:"'东吴的将管东吴的兵'是常态,是99%;而你说的那是'变态',是1%!"是呀,我说的就是"变态"。对于今天的企业来说,那99%的常态只是维持或者维持不得,而那1%的"变态"(变革)才是悬决生死的关键。只要想想"回交"和"杂交"的优劣势,这个谜题便不难破解。

"人人强则团队强",这又是一个迷信。钻石和石墨的区别,已经生动地说明了,造成事物差别的,一是元素,二是结构。强人和强人的组合,并不能必然得出更强的结论,关键在于结构。所以,任正非的话需要留意:"人才不是企业的核心竞争力,对人才进行有效管理的能力才是企业的核心竞争力。"说到底,还是将气。"一头狮子率领的一群绵羊可以打败一只绵羊率领的一群狮子",这强调的是结构,不是元素。

好了，说了这么多，如果要记住一句话，应该记住哪一句呢？就记这句吧：欲造"士气"，先造"将气"！

基因工程之一：领导力是怎样炼成的

"将气"属于领导力的范畴。

那直接说领导力不就得了，讲"将气"干什么？同一事物，增加它的元素，或者改变它的结构，甚至只是变换看它的角度，就会帮助我们打开新的智慧开关。比如，对于企业来说，所谓"差异化竞争""挺进无竞争领域""蓝海战略""从0到1"，这些说法说的是不是都是"企业创新竞争"这同一件事？是的。但不同的角度、不同的结构、不同的元素，开启了我们不同的智慧开关。

关于领导力，已发表的理论汗牛充栋，但用我们自己的话总结，无外乎三派：天才派、工具派、权变派。

天才派的困境在于，把马谡和邓艾放到一起，怎么看都是马谡更像天才，邓艾有点口吃，但是，马谡失了街亭，邓艾灭了蜀国。

工具派的困境在于，空降、海归、MBA治死了太多的企业，一些"土老帽"却办出了红红火火的企业，可见，工具也不是根本。

权变派当然是万能的，但万能的有时候就是无能的，因为一切权变，先要诊得准，才能治得妙，可是难就难在"诊不准"啊！

说了这么多，我们终于明白，所谓"真理是相对的"，其实说的就是这样一句话——世界上是没有定论的。地心说不是定论，日心说不是定论，宇宙大爆炸也不是定论；牛顿力学不是终极，相对论不是终极,量子力学也不是终极。

真理都是相对的,领导力当然也是相对的。所以,衡量领导力的终极指标,只能套用"真理标准"——实践是检验领导力的唯一标准。换句话说,能打胜仗就有领导力,打不了胜仗就没有领导力!打胜仗是最大的领导力,其他都是边边角角。

核心的,加上边角的,我们姑且这样总结:领导力这个火车头有三个发动机,第一个发动机叫"制胜领导力",第二个发动机叫"交易领导力",第三个发动机叫"人格领导力"。打造这三个"发动机",需要具备八种基本功(见图7-1)。

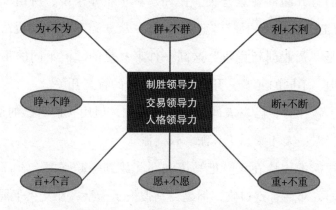

图 7-1 三种领导力和八种基本功

制胜领导力强的公司,属于聪明的公司;交易领导力强的公司,属于公平的公司;人格领导力强的公司,属于和谐的公司。

三个发动机哪个最重要?制胜领导力最重要。再重复一遍:什么样的领导者一呼百应?能带你打胜仗的领导者!一个企业要是打不了胜仗,有公平的交易又如何?有美好的人格又如何?统统土崩瓦解!所以,首先成为一个"胜利的公司",然后才有可能成为一个

"受人尊敬的公司"。"胜利的公司"必然是"聪明的公司"。

注意，我这里所说的制胜领导力，至少包含三个层面：战役制胜领导力、战术制胜领导力、战略制胜领导力。一切胜利都可以产生领导力。胜利是个混沌系统，蝴蝶效应显著，许多巨大胜利的初因可能微不足道，上一个微小胜利可以成为下一个巨大胜利的奠基石。

领导者必须是"精神变精神"的高手，这是基因复制的需要。

我们这里探讨领导者的八种基本功：

功一："群＋不群"功。

功二："为＋不为"功。

功三："睁＋不睁"功。

功四："断＋不断"功。

功五："利＋不利"功。

功六："言＋不言"功。

功七："愿＋不愿"功。

功八："重＋不重"功。

"群＋不群"功：文化逆商

关于这项基本功，我写在了《文化逆商》里。

凡是成功的企业领导者，必定有一项基本功：文化逆商。

什么是我所谓的文化逆商？就是精神上卓然不群的逆向商数。直白点说，文化逆商是一项"反向功"——众南你北，众北你南，众忧你乐，众乐你忧。

这是领导者八项基本功中最重要的一条，可谓"八功之首"。

高明的企业领导者,他们的特殊之处,就在于每每与常人反着来,由此取得超乎常人的成就。

我接触的很多企业家中,牛根生是具有"反向功"的一个。我把蒙牛的产品分成三个阶段:锥子阶段、旗子阶段、靶子阶段。蒙牛的"锥子",就是2000年推出的"枕形牛奶",这个产品的特点是"没有巨量就没有利润",当时的大企业根本不看好这个产品,但蒙牛做了,结果成为"扎通竞争之墙"的一把利锥,破圈而出。蒙牛的"旗子",就是"特仑苏",当时牛奶竞争激烈,初现"奶比水贱"的苗头,不少人拿某国说事,认为"牛奶将来没什么品牌,就像醋和酱油一样",但蒙牛反向行事,2004年毅然开张国际示范牧场,此后依托优质牧场推出"特仑苏",从此中国有了高端牛奶,一下子改变了市场格局。蒙牛的"靶子",就是以"酸酸乳""未来星"等为代表的瞄准特定人群的锁定型产品(见图7-2)。

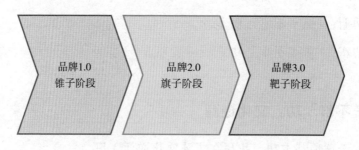

图 7-2　品牌的三个阶段

走访蒙泰的时候,我又找到了关于"反向功"的新例证。一位高管介绍说:"从2012年后半年到2016年前半年,整个煤炭行业下行,好多企业垮了。但蒙泰正是在这个时段取得了跨越式发展:买了新矿,建了大矿,还投建了两台热电机组……董事长常说,市场低迷的时候，各种资产价格很低……结果，2016年下半年市场好转，公司迎来一个新的发展高峰。"

孙正义每次做决策，几乎总有90%的人反对。这正应了芒格的投资理念："别人贪婪我恐慌，别人恐慌我贪婪。"

《乌合之众》的精髓，总结成一句话就是：多数人之见多为平均智商之见。

"众南你北，众北你南"的例子有了，"众忧你乐"的例子也有了，有没有"众乐你忧"的例子呢？有！

在微软如日中天的时候，比尔·盖茨说："微软离破产永远只有18个月。"这就是在众人都"乐"的时候，我"忧"一下，居安思危之意。

在华为一日千里的时候，任正非发表《华为的冬天》。这也是在众人都"乐"的时候，我"忧"一下，戒骄戒躁之意。

如果缺乏文化逆商，"众人皆醉我也醉，众人皆泪我也泪"会怎样呢？

那一年，沈阳飞龙的姜伟也"忧"了一下，发表了《总裁的20大失误》（原名《我的错误》），诚恳、担责、到位。但他忧的不是时候，是在众人皆忧之际，即沈阳飞龙走下坡路、市场狐疑之际。"众忧你忧"，结果怎样呢？消费者犹疑观望，员工急着找下家，经销商既不进货也不回款，市场疯传"飞龙不行了"！钱怕挤兑，货怕恐惧，于是，飞龙坠地。

在"失汲道，三军皆渴"之际，曹操挥鞭断言：前有梅林。于是"士卒闻之，口皆出水"，坚持走到了有水源的地方，于是有了"望梅止渴"的典故。这就是在众人都"忧"的时候，我"乐"一下。

虽然这个"乐"有"虚拟愿景"的成分，但在那种情况下，主帅如果带不来希望之光，还能靠谁带来？

团队一把手（企业一把手、部门一把手）的文化逆商，真的比黄金珍贵！

在众人深陷黑暗的时候，你要做唯一的航灯（掌灯者），你若灭了，全军覆没；在众人歌舞升平的时候，你要做唯一的敲钟者，你若醉了，乐极必反。这种文化逆商，不仅适用于整理士气，也适用于寻找机会，还适用于制定战略——当满世界都是淘金者的时候，你的机会也许不再是淘金。

危中见机，机中见危。诚哉斯言！

"为 + 不为"功

有一次，柳传志提到一件事。他说联想新来了一个副总裁，做事非常周全。假如安排参观的话，他会从起点到终点做一个全面规划，可以说全到无可再全，细到无可再细，每个人在什么时点做什么事、怎么做，都规定得清清楚楚，大家照着做就行了。起初感觉很好，但时间长了，发现也有点问题，那就是底下人不用再动脑筋了，得不到锻炼。

柳传志讲这事的意思是，该放手的要放手。

但稻盛和夫不太赞成放手。我们来看看他的理由。

没经营过企业的人喜欢说"放手"㊀

要怎么做，才能把还不成熟的员工培养成可靠的、优秀的干部呢？

㊀ 资料来源：盛和塾第24届世界大会。标题为本书作者所加。

一般来说，经营顾问总是建议说："行事独断的社长培养不出人才。要想培养人才，就应该更加放手，让部下独立去干。"

听了经营顾问的话，实际放手委托部下做事，结果却把事情搞砸了。许多经营者都有过这样的烦恼。我认为，这类建议都是自己没有经营过企业的人说的。有实际经营经验的人，绝不会说这些轻松漂亮的话。

如果社长是一个懒惰的人，"自己不想干活，尽量让部下干，自己想玩"，那就另当别论。"要把公司搞好""要提升业绩"，如果真是这么想，那么，首先经营者自己必须站在最前头，以身作则，拼命工作。特别是中小企业，可以依靠的人不多，社长更要率先垂范，付出不亚于任何人的努力。这是引导企业成长发展的必要条件。有人称这样的社长是"独断"。"因为社长这也干那也干，所以培养不出人才"，有人这样批判。但是，没有必要在意这种批判，不要因为这种批判而迷惑，犹豫不决。

看着劲头十足、干活麻利的社长的背影，通过学习模仿、潜移默化，同社长一样能干的人，在公司里一个个成长起来，企业必须营造这样的氛围。尤其是，确立了行业第一、日本第一、世界第一的高目标，向着新的事业领域进军、开创新局面的时候，无论是销售方面、制造方面，还是研究开发方面，都要培养出"一骑当千"的猛将。为此，社长在第一线临阵指挥、以身作则非常重要。我认为，领导人应当一马当先，率先垂范，高喊着"跟我冲"，只有这样的领导人才能培养出真正的人才。

我自己是这么想的：新事业也好，现有的事业也好，子公司也好，本来就不应该做不好。之所以没做好，是因为让事情没做好的那些头头有问题。特别是对于那些软弱的、逃避责任的头头，我会这么说：

"你害怕敌人打来的枪弹，所以企图向后逃跑。但你逃逃试试看，我这里正端着机关枪，要从后面打你。反正后退也是死路一条，你就抱着必死的勇气向前冲锋吧！"

丢给部下的是如此残酷无情的命令。但是，如果不在工作中将自己逼入绝境，就不可能打开困难的局面，也不可能让自己破茧重生，实现进一步成长。只有被逼入后无退路的悬崖绝壁，人才可能发挥出真正的价值。

当然，也有这样的情况：努力、努力、再努力，不管如何努力都无法取得进展，当事人已经束手无策。这时候最高领导人就要拿出勇气，做出撤退的决断。虽说要将人逼入穷途末路，但最后让部下牺牲，全部玉碎也不行。

进攻的命令，谁都能下。但失败了要下撤退的决断，这事只有最高领导人才能做。事情到了最后的最后，领导人要有背负一切责任、承受一切责难的决心和勇气。只有领导人具备这样的境界，才能让幼稚的、不成熟的部下经历严酷的考验，才能培养他们成为优秀的人才。

稻盛和夫说的真是字字珠玑，都是在实战中得到的，不是凭空臆想的！创业者想靠别人打天下，自己去一旁悠闲地晒太阳，门儿也没有！

但是，我们也得承认，管理是一个多极世界，并不能以这一"极"轻易否定另一"极"。在部属的能力超过一把手的领域，尤其需要授权。事实上，一把手在部属擅长的领域一直不放手，部属会成为"双桶"——垃圾桶＋火药桶。

"垃圾桶"怎么讲？里面装满了无奈、抱怨、愤怒、停止思考、自暴自弃。

"火药桶"怎么讲？不满日积月累，"火山爆发"是早晚的事。

《孙子兵法》说："将能而君不御者胜。"

据我观察，这世上能干的领导有两种：一种是航空母舰型领导，另一种是战斗舰型领导。航空母舰型领导是刘邦式领导，他是载体，部属每个人都是一架"战斗机"！他这个载体，本质上是一个"制造英雄的流水线"。战斗舰型领导是项羽式领导，他是主力，部属都是帮手，一场战斗下来，他最耀眼、最夺目，是一个英雄。

任正非强调："说不出自己功劳的人才是领袖。华为没有一项产品是我研发的，没有一个市场是我打下的，是华为的巴顿将军、朱可夫元帅们打下来的……他们有缺点，但他们是功臣……我也有缺点，还没功劳，但我能用好他们，是因为我善于妥协，对人能包容。"

小结：

第一，领导者要厚德载物，多做航空母舰，把部属个个培养成为"战斗机"。

第二，"画龙"的事，领导不一定去做，但"点睛"的事，一定要善于做。有一种领导者，很辛苦，整天"画龙"，忘了自己的职责所在！他的本职工作是什么呢？应该是指向未来的"点睛"！领导者不做那"琐碎的多数"，就是为了做好那"关键的少数"。

讨论：员工的权力是来自授权，还是来自责任？

彼得·德鲁克说：员工的权力不是来自管理者的授权，而是来自所承担的责任。理论上，后者（员工的权力来自所承担的责任）是正确的，但实践上，不能不尊重前者。所以，真理在中间。这也是矛盾自容。

为什么不能不尊重前者？因为信息不对称。就企业全部信息而言，通常管理者会比员工知道得更多一些，有的信息甚至不能同部属分享，这样，相对来说，管理者的决策更容易基于"大框架"，而员工的决策更可能基于"小框架"，所以，如果不经授权，员工就自作主张，从概率上讲，失误的可能性会大一些。

但是，管理的复杂性、多变性及不可预见性所导致的应激性，又决定了其不能完全依赖授权。基于员工责任，应该有超越授权的设计。

"睁 + 不睁"功

"睁 + 不睁"功，"睁"就是多看长处，"不睁"就是少看短处；但对短处需要睁眼时，也须断然睁开！总之，该睁眼时睁眼，该闭眼时闭眼。

有一次，牛根生先生与我交谈时，说过这样一段话：

"当初用这俩人时，他们说这俩人有这缺点，有那缺点……咱们用人不是用人家的缺点吧，是用人家的长处吧。如果抓住缺点不放，所有人都有缺点，那就满眼缺点，满世界缺点，世界上没有一个人可用了。做大事的人，就是用人的长处。

公司内一些部门一些人的小毛病我知道，大毛病其实我也知道……这些人以为我不知道，我也就假装不知道。

对缺点，我睁一只眼，闭一只眼。有时候，干脆两只眼都闭上了。只有我想睁开的时候，我才会睁开，而且是两只眼都睁开了！"

彼得·德鲁克曾经说过一段很深刻的话，大意是说，有一种人绝对不应该被放在领导岗位上，如果把这种人放在领导岗位上，那是对公司优质资产——员工——的巨大破坏！哪一种人不应该放在领导岗位上呢？就是不善于看人长处的人。

我给管理者讲课时，常常问他们：你给部下几条命？

答案是，至少要给三条命：一条"背叛复归"的命，一条"大误反省"的命，一条"自杀重启"的命。

为什么要留"背叛复归"的命？（这里所谓"背叛"，不是对事业的背叛，而是指个人之间的恩怨。）

人对人没有一点儿背叛是不可能的，背叛实质上是一种批判后的抉择。批评有失言的时候，背叛当然也有看走眼的时候。看走眼了，当然也就后悔了，重思复归就提上议事日程，这时候，你"杀"了他，你也就损失了他；你若不"杀"他，他会感恩戴德一辈子。

古代有个"绝缨之宴"的故事，讲的是楚庄王给戏妃之臣留了一条命，结果这个臣子为国家献出生命的故事。

曹操也有一个经典案例：官渡之战后，曹操从袁绍那里缴获的出自曹方阵营的背叛信何其多也，但精明的曹操一把火烧之！

实际上，忠诚正如信念，动摇而又复归坚定的信念比从没动摇过的信念更坚强。

为什么要留"大误反省"的命？

我们经常说，失败是成功之母。一个人犯过"大误"，那是宝贵的财富：昂贵代价之后必有所省，所省必有所得！留下他，可以避免再犯类似的错误；如果消灭了他，那么，接任者还可能继续犯类似的错误，同时大概率为竞争对手资助了一个人，所付出的金钱成本、机会成本，那就太大了。实际上，舍得舍得，有舍才有得：不容损失万元钱，就难以成就百万级的经理人；不容损失千万元钱，就难以成就百亿级的经理人。据我所知，蒙牛两大事业部的负责人，哪一个不是用千万级的损失堆出来的杰出经理人！

为什么要留"自杀重启"的命？

人总有高潮的时候，也有低潮的时候。人在低潮的时候，难免出现消极、抱怨、自弃、怠慢、两舌、攻击等现象。这时候"杀"了他，他万念俱灰，你从头招兵；这时候拉他一把，他"杀"掉旧我成新我，重返长征，你队形不乱。

那么，反过来，你给上级几条命？至少要留九条命。你只有一个上级尚且伺候不好，上级有更多的部属自然更容易伺候不好。你不给上级九条命，你自己莫说三条命，往往连半条命都保不住。

董明珠说："格力有一条不成文的规定，走的人不许回来。"这就是只给员工"一条命"的具体体现。

当然，没有绝对的真理，"肯定一切和否定一切都是错误的"。

讨论：老板的脾气大，公司的业绩就好？

我们已经知道硅谷文化了，那是一种领导者与员工和谐共振的创造性关系。那么，我们也得知道，地球上还存在"另一极"。我们来看台湾的一位企业家的观点。

赖正镒：企业家要凶悍才能成功

赖正镒：大陆企业家比较高调，台湾企业家比较低调，比如捷安特老板，你看他头发白白的，一个人走在路上也不怕的，我出门也是一个人，在台北坐地铁。

问：听说你的脾气很大，开会的时候骂人，还扔东西？

赖正镒：做生意要从干毛巾里拧出水，每天开会不凶悍怎么可以，否则挤不出水来。经营企业是不一样的，每天要面对挑战，我听说王健林凶悍得不得了，他军人出身。我们台湾的郭台铭住在涵碧楼，把房间的门都给我踹坏了，火爆得不得了。可以说，台湾的企业家没有一个不火爆的，王永庆先生批公文都把公文扔出去。怎么可能不凶悍，不凶悍不可能成为企业家。再说，老板不骂你怎么会进步，我这里以前有一个副总，半年不骂他就辞职了。

资料来源：《中国企业家》，袭祥德。

谁是谁非？我们在这里不下结论，也没法下结论。每种文化都有每种文化的力量。不过，我们相信，时代越发展，等级关系越淡，对等关系越浓。

上面我们说了"睁一只眼，闭一只眼"，或者"两只眼都闭上了"。那么，什么时候必须"双眼圆睁"呢？那就是对于腐败。对腐败必须零容忍！

我曾在《"防腐"就是"防败"》一文中写道：

腐败最大的危害，不在增加成本上，而在摧毁士气上。

当这边流汗的时候，那边却在放血；当这边从牙缝里省米的时候，那边却在掏空粮仓；当这边用身体堵枪眼的时候，那边却在幕后出卖……如果一个企业真的出现这种局面，流汗的还想流汗吗？省米的还愿意省米吗？堵枪眼的还有心思堵枪眼吗？

气可鼓，不可泄。然而，腐败不除，对奉献者是一种嘲弄，对劳动者是一种否决，对窃取者是一种鼓励。它是最大的"泄气阀"，最快的"离心散"，最毒的"灭魂药"。所以，腐败"腐"的是银子，"败"的却是根子。防腐，就是防败！

"断 + 不断"功

断，就是善断，能在众多方案中决出优胜方案；不断，就是不专断。

对于领导者来说，决策有三种类型：孤策型，聚策型，旗策型。

孤策型，就是领导者"计从己出"。这也无妨，最怕的是对其他人出的主意有"排异反应"。领导者当然要有出主意的本领，但领导者更大的本领是从众人的主意中选出最优主意，领导的本义就是集群与协作。注意，"选主意" ≠ "出主意"。领导者一定不要单纯把自己定位成出主意者，虽然诸葛亮的"眉头一皱，计上心来"颇具魅力，但这能比"谋士如云，算无遗策"更加万全吗？管理的本义就是通过他人完成工作，领导的本义就是通过他人完成使命。能借主意，那恰恰是领导者的光荣！不能借主意的领导者才是可耻的！因此，过分迷恋个人主意的领导者就会成为"专断者"：只许我的主意上台面被千军万马执行，不许别人的主意上台面被千军万马执行，其结果就是堵塞言路、堵塞循环，以一个脑袋的思考代替几万个脑袋的思考。领导者应记住：在衡量你的天平上，最终只有一类砝码，那就是"结果"，你的企业也一样。你要结果，还是要出主意的名分？

聚策型，就是领导者"聚计选优"。一个企业负责人，假使企业内部有 3 万员工，那么，他每年可能收到 3000 份建议；又假使企业生态圈里有 100 万人，那么，他每年可能收到 1 万份建议。他若善断，这些主意会让他如鱼得水，他从中选出最优方案，企业执行最优方案，事业蒸蒸日上；他若寡断，这些主意会让他万箭穿心，他会变成故事中的那头驴，一会儿觉得这堆草好，一会儿觉得那堆草好，跑来跑去错失良机，企业最后不是受饿，就是累倒。

旗策型，就是"顶层定旗，基层定计"。"顶层定旗"，就是顶层确定愿景、规则、标准、榜样等旗帜性的东西；"基层定计"，就是"让听到炮火的人决策"，各分队围绕大纛自组织、自决策，领导者可收垂拱之效。

一个好的领导者，决策模式上应该三型兼具。

每当企业取得成功时，常常会出现这样的情景——某某员工说，某某主意是我出的。该员工不必骄矜，领导者也不必在意。缘何？因为员工不过出了一份主意，领导者收到的却是千万份主意。第一层，出一个主意不容易，是一种高明，于千万个主意中选出那个好主意更不容易，是一种更大的高明；第二层，那千万个主意中，与你殊途同归的主意，甚至完全相同的主意，通常并不鲜见，你以为是一个"人"的，其实是一个"们"的。总之，大家"画龙"，领导"点睛"，龙才飞得起来！领导的工作就是整合，"整合思想"比"整合资源"更有力量。一个被执行的主意，通常都是"综合主意"——

创意上它综合了千万个主意中的若干主意，执行上它是一群奋斗者再创造的结果。所谓"知易行难"就是这个意思，所以，几乎可以肯定地说，它不是一个"人"的，而是两个"们"的——创意者们和行动者们。另外，再好的主意也只是第一次创造，而行动是第二次创造。

"利 + 不利"功

"利"是利己，得；"不利"是不利己，舍。"天下熙熙，皆为利来；天下攘攘，皆为利往。"利益问题是个根本问题。如果处理不好利益关系，那么，企业文化就在根本上沦为一具空壳。

牛根生的创业信条之一是"财聚人散，财散人聚"，他曾专门说到创业阶段"聪明人"与"精明人"的区别。

这世上的企业，最初成立的时候情况其实都差不多，几个小兄弟，几条破枪，每个人总共也发不了几发子弹，就跟装备森严的"巨无霸"干上了。

可是，这后面的差距逐渐就扩大了，有的人越干声势越大，有的人越干动静越小。原因当然是多方面的，但有一条很有共性，那就是"财聚人散，财散人聚"。

企业的第一个战利品，也许只不过是锅盖大的一块蛋糕。可是，这第一块蛋糕的分割却很有学问。假如领头的将军切走 4/5，只给冲锋陷阵的众弟兄留下 1/5，你说下一次这个仗还怎么打？有的人抱怨，有的人怠工，有的人想走，有的人说闲话。这第二仗还没开打呢，人心就先散了一半。

所以，古人说"将欲取之，必先予之"，佛经也说"舍得，舍得，有舍才有得"。这世界上挣了钱的有两种人：一种是"精明人"，一种是"聪明人"。精明人竭泽而渔，企业第一次挣了100万，80%归自己，然后他的手下受到沉重打击，结果第二次挣回来的就只有80万。聪明人放水养鱼，他第一次挣了100万，分出80%给手下人，结果，大家一努力，第二次挣回来的就是1000万！即使他这次把90%分给大家，自己拿到的也足有100万。等到第三次的时候，大家打下的江山可能就是1个亿。再往后就是10个亿。这就叫多赢。独赢使所有人越赢越少，多赢使所有人越赢越多，所以，"精明人"挣小钱，"聪明人"赚大钱。"精明"与"聪明"，一字之差，谬以千里。

创业者天生不是孤家寡人。一个不关心他人的人，没有资格把别人的命运与自己捆到一起。即使勉强捆到一起了，也是悲剧多于喜剧。

资料来源：张治国. 蒙牛方法论[M]. 北京：北京大学出版社，2007.

华为任正非曾说过，"二十年来，我在华为只做了一件事，就是分钱。不仅要分现在的钱，而且还要能分未来的钱""钱给多了，不是人才也变人才"。

"言+不言"功

"假话全不说，真话不全说。"这是季羡林的一句话，反映了"言"什么、"不言"什么的辩证法。

当然，对敌人、对坏人是可以说假话的，那是另一个层面的问题。通常面向公众的发言，不管发言主体是谁，季羡林的这句话都可以被奉为金科玉律。

如果不幸面向公众说了假话并引发质疑，那么，改正假话的机会通常有且只有一次。如果第二次发言没抓住改正的机会反而变本加厉，那么"假上套假"的结果是：大概率落入"塔西佗陷阱"。

什么是"塔西佗陷阱"？其得名于古罗马时代的历史学家塔西佗，通俗地讲就是指当某一主体失去公信力时，无论说真话还是假话，做好事还是坏事，都会被认为是说假话、做坏事。

我们通过三个案例，来深层感受一下真话、假话之辩。第一个案例比较烦琐，从事新闻发言工作的人可仔细阅读，不从事新闻发言工作的人可以跳过（不读）。

第一个案例："回奶事件"与光明的回应

先看记者的报道：2005 年，河南电视台经济生活频道记者笙民乔装改扮，经过 6 天的明察暗访，写了一篇报道。

记者暗访揭开变质光明牛奶返厂加工再销售黑幕（节选）

5 月 30 日早上 7 点左右，记者经人介绍，来到位于郑州市秦岭路北段的一家工厂应聘散工，一进门记者就看到，数千件光明牛奶露天堆放，虽然这些牛奶都还没有拆箱，但都沾满了尘土，有些箱子已经破损腐烂，周围苍蝇横飞。其他散工告诉记者，那些露天堆放的光明牛奶，都是过期没人要而返厂的。

上午 9 时许，当上散工的记者和其他散工一起把那些露天堆放的光明牛奶搬进一个车间开始拆箱。纸箱刚被拆开，整个房间立刻弥漫一股恶臭。成堆的软袋牛奶被放在地上，有人不时用脚把堆积的软袋牛奶拨到划奶工手边，这些工序没有任何消毒措施。

划奶工每天的工作就是不停地拆箱，划开奶袋，把牛奶倒进大桶，为回奶工序准备奶原料。从包装袋上看，这些牛奶早已过期。

这些混合着各种污染物的变质牛奶装满一大桶之后，就被推进了车间，每桶大概有100多斤重，工人用管子把这些牛奶都吸进一个被称为回奶罐的金属容器里。工人们边干边说："不兑好奶了，不兑了。"

记者看到，这个车间一共有4个回奶罐，总容量是32吨。记者在生产线上看到几张白色卡片，上面清楚地写着"光明回奶"的字样。这儿的工人告诉记者，回奶生产一般都在晚上进行。

资料来源：每日经济新闻，2005年6月6日。

记者以"散工"身份暗访光明牛奶厂，报道要点如下：

A. 工厂堆着数千件牛奶，被告知是过期返厂的；

B. 这些牛奶被剪包，从包装袋上看，已过期；

C. 剪包的牛奶被装进桶，装桶的回收奶被推进车间，推进车间的回收奶被用管子吸进回奶罐；

D. 工人说回奶罐里的牛奶"不兑好奶了"；

E. 回收罐有4个，总容量32吨，生产线上的奶罐有"光明回奶"字样。

我们来看光明乳业董事长6月7日的回应。

光明董事长：不可能加工过期奶

昨晚 8 点 35 分，《每日经济新闻》拨通光明乳业董事长的手机，就"光明被指加工回奶事件"对她进行了专访。

《每日经济新闻》：请问您有没有看过河南电视台关于光明乳业生产回奶的报道？

董事长：昨天（6 月 6 日）就看到了。我们已从上海派人到郑州进行调查，这个事情不存在，光明不可能做这个事情。

《每日经济新闻》：那条生产线是否还在生产？

董事长：还在生产。

《每日经济新闻》：为什么要将过期奶返厂加工呢？

董事长：不是过期奶，是没有出厂的奶。这些奶堆在外面场地上进行处理。（话音一顿）这里面在管理上有问题。

《每日经济新闻》：河南光明工厂中的回奶罐是做什么用的呢？

董事长：乳品厂都有回奶罐，每个乳品厂都有。

《每日经济新闻》：是光明的每个乳品厂都有还是全国乳品行业都这样？

董事长：全国的乳品生产企业都有回奶罐。

《每日经济新闻》：那回奶罐是用来干什么的呢？

董事长：当天没有处理好的奶，就放进回奶罐，第二天再处理。

《每日经济新闻》：怎么处理呢？再生产包装？

董事长：这是个技术问题，你还是问我们的新闻发言人比较好，她可以详细地向你介绍。

《每日经济新闻》：河南电视台的那些图片显示了有苍蝇，甚至生蛆的奶。为什么要往这些奶里面兑好奶？

董事长：这个不是事实。你可以到上海厂来参观，根本不可能出现这样的事情。

《每日经济新闻》：河南电视台那个报道中，有工人一边干一边说"不兑好奶了，不兑了"，这是为什么呢？

董事长：那是河南电视台的记者写的，我没有看到工人这样说。这个话不代表光明。

资料来源：《每日经济新闻》。

光明乳业董事长回应的要点如下：

A. 过期奶是不返厂的。

注：等于说记者是误报或造假。

B. 被剪包的牛奶是未出厂的牛奶，未过期。

注：这个回答否认不了记者目睹的"从包装袋上看，这些牛奶早已过期"的事实。

C. 回避回答回奶罐里的奶是否再生产问题。

注：这让人觉得她内心在"挣扎"。

D. 乳品厂都有回奶罐，每个乳品厂都有。

注：这是标准的投射。这个投射让全国乳业震怒。

E. "不兑好奶了"是记者写的，没见工人这样说。

注：等于说记者在造假陷害。

综合来看，光明乳业在"假话全不说"上是存疑的，因此市场是不相信光明的。新浪财经当时在网上发起调查："您认为光明会不会将变质牛奶返厂加工再销售？"数据显示，参与调查的网民214 502人，有168 572的人认为"会"，占比高达78.6%！

评议：董事长第一个发言，从危机公关的角度讲，这第一步就不是最佳选择。新闻发言顺序可以是：先发言人，再公司，最后才是老板上阵。如果老板直接跳出来第一个发言，潜在的隐患是，万一存在"不周不明"（考虑不周，情况不明）的情况，那么，就有可能出现所说与所做或者与所发生的事不相符合的现象，不管是故意说假，还是误会说假，"开弓没有回头箭"，就没有回旋余地了，"将"无"士"护佑，公司就被"将死"了。

第二个案例：香港奶与蒙牛CFO的"半句式真话"

2008年9月11日，三鹿奶粉事件爆发。9月19日，蒙牛CFO在香港新闻发布会上的一句话引发轩然大波，从网易财经的报道标题可见一斑。

主标题："蒙牛一句话，伤透国人心"。

肩题："蒙牛CFO：蒙牛供应香港的产品，比供应内地的产品出现问题的概率要小得多"。

副题："网民认为蒙牛歧视内地消费者"。

甚至有网民在网易股吧发起"抵制蒙牛"的倡议，并且要告诫身边的朋友都不喝蒙牛。

CFO到底说了一句什么话？他说：

"暂时没有发现香港地区的蒙牛产品有问题，因为香港地区是与国际接轨的地方，蒙牛出口的产品主要是用大规模化牧场的原奶生产的，这样的话，它出现问题的可能性比内地的概率小得多。"

这句话真不真？真的。

但这句话全不全？不全。

因为完整的真话还有后半句，完整的事实是：

超大牧场的牛奶95%卖给内地，5%出口（主要为香港）。超大牧场牛奶，营养指标好，成本最高，所以卖价最高；香港牛奶价格比内地高得多，所以从内地最贵的牛奶中切出一部分（即5%）给香港。

像蒙牛CFO这样，真话没说全的情形，我们称之为"半句式真话"。

古语说："一言兴邦，一言丧邦。"那么，"半言"呢？"半句式真话"害死人，在这个案例中，就有可能让几亿人产生误解！而且要命的是，等你说出后半句时，要么没人关注（根本不可能像说出前半句时那么受人关注），要么关注了也可能不信。

评议：新闻发言三要点：真，有选择的真，有策略的真。

一是"真"。新闻发言人必须讲真话，不能讲假话；不言则已，言则必真。

为什么要真实？林肯的话可以作为参考："你可以在某一时间欺骗所有人，也可以在所有时间欺骗某一部分人，但你不可能在所有时间欺骗所有人。"所以，不言则已，言则必真。

二是"有选择的真"。新闻发言人所讲的真话，不是和盘托出，而是"有所言有所不言"。它属于"有选择的真话"，而不是"无选择的真话"。换句话说，我所说的一切都是事实，但不是一切事实我都要说。

三是"有策略的真"。既要合时、合地、合人，还要超时、超地、超人。在上述案例中，你想让香港民众放心，但你讲话不能只想着香港民众，不想着内地民众。也就是说，当回答甲地消费者的问题时，不能就甲地论甲地，你还得兼顾乙地消费者听到此话后的感受，不能只想着点上的消费者而不想着面上的消费者，一句话概括：嘴上评尺寸，心中有乾坤。

新闻发言人不管对谁讲话，哪怕吃饭时与人闲谈，都要记住"三超原则"（超时、超地、超人）：你所说的话，通过转述、截图、录音、录像等任何一种方式公之于众后，都经得起推敲。

第三个案例：三聚环保的"半句式真话"

2017年4月25日，中国证券网刊登了一则短讯，标题是"三聚环保：悬浮床装置利用地沟油制造油品"。正文为：

中国证券网讯 针对投资者询问的"悬浮床处理餐余垃圾的具体情况"，三聚环保在投资者互动平台上表示，进入装置的原料为地沟油。

"地沟油"是一个非常敏感的话题，三聚环保的"地沟油"解释，让普通读者疑窦顿生："地沟油"干啥啦？作为燃料了，还是其他用途？但它就是不给你这后半句话。

股市是怎么回应的呢？造成股价波动的因素有很多，但不管怎么说，三聚环保那两日的价格跌了2元多。

"愿＋不愿"功——向太阳系学管理

什么人我们永远愿意让他赢？

九九归一：他活着别人就能活得更好的人（化自臧克家的诗）。

什么人我们不愿让他赢？

他活着别人就不能活得很好的人（化自臧克家的诗）。

反过来，从领导者角度讲，"愿＋不愿"功，其中，"愿"＝愿景领导，"不愿"＝不灭人愿。

按照相关理论，一个领导者不能陷入"卡普曼戏剧三角形"，即既不能充当"加害者"，也不能充当"受害者"，还不能充当"拯救者"。

领导者的角色应该是什么？

我研究的结果是这样：在管理上，我最早是单纯讲"同心圆理论"的，并且把"'异心圆'变'同心圆'"列为创业"第一天条"。后来我将太阳系图谱拿过来作为"同心圆"的管理模型。

有一天，对着太阳系图谱，我忽然顿悟：那八大行星虽然在轨迹上与太阳形成"同心圆"，但在"心态上"，它们何曾有一日与太阳"同心"过？它们无时无刻不在挣扎着企图离开，从这个意义上讲，它们其实都是"异心球"，各有其"愿"。但最终它们为什么没有离开，反而围绕太阳转呢？因为太阳的引力牢牢地抓住了它们！所以，在管理上，不要企图消灭"异心球"，不要企图灭人"愿"，人人都是"异心球"，如果一个人真的和你完全同心了，那么，他就成了一个失去独立思维与独立人格的废物了。你唯一的路径是让自己像太阳一样有引力，在"离心力"与"向心力"之间缔结一种平衡，让人离不开你！于是，我奋笔疾书，写下了《向太阳系学管理》。

1.0 时代

我坚信

管理要做"金字塔"

我在塔顶

你们在塔底

2.0 时代

我坚信

管理要做"同心圆"

与我一心者留

心存异见者去

3.0 时代

我坚信

管理要做"引力场"

人各有心

相吸成圆

向太阳系学管理

球球异心奔欲狂

圈圈绕阳画椭圆

有磁则向

无磁则背

每个领导者都要有一个理念：让自己成为一轮太阳。

如果不能成为一轮太阳，至少要让自己成为一个磁场！

磁场的效力是什么？就是让周围的每个磁针都有向心力，都摆正方向和位置。没有这种磁力会怎样呢？只能分崩离析！

"重 + 不重"功

这里讲的是"举重若轻"与"举轻若重"的关系。

上述 7 种基本功，综合起来就是一个核心：领导者在战略上要善于"举重若轻"，执行者在战术上要善于"举轻若重"。这两种角色不能错位，错位了就会陷入"头重脚轻"的失衡境地。

领导者在战略上只有做到"举重若轻"，才能起到"定海神针"的作用：在"群"中做到"不群"，当超常派而非庸常派；在"为"中做到"不为"，谋大格局而非小格局；在"睁"中做到"不睁"，聚正向力而非负向力；在"断"中做到"不断"，靠万人脑而非一人脑；在"利"中做到"不利"，营团队利而非一己利；在"言"中做到"不言"，说靠谱话而非糊涂话；在"愿"中做到"不愿"，统大愿景而非小愿景。

基因工程之二：员工知识共享

每个人都有自己的"绝活"，如果让每个"绝活"隐性知识显性化，组织必然爆发出非同一般的能量。这是知识管理下的知识共享，也唯有共享才有可能让组织健康成长。

但是，共享不仅是个方法问题，而且是个利益问题。如果员工与组织不是命运共同体，员工为什么要共享自己的"绝活"？垄断对他是有利的。

所以，知识共享的前提是结成利益共同体。孟子说："有恒产者有恒心，无恒产者无恒心。"经济利益是"恒产"，人格尊严和个人成长也是"恒产"之一。

下面我们讨论一个既关乎经济利益，也关乎成长利益的大事。

员工内部竞争：福焉？祸焉？

员工内部要不要设计成竞争关系，对这一问题的回答，向来有两大门派。

第一个门派主张竞争关系。这是主流观点。代表人物是杰克·韦尔奇。GE有一个典型的"271管理法"，就是每年要分出20%优秀员工、70%合格员工、10%不合格员工。杰克·韦尔奇认为，区别考评制度是资源配置的一种方式。如果不淘汰最差者，对他人不公平，对自己误机会，最终迟来的冬天（即晚辞退不如早辞退）还是会害了当事人。这种管理法在企业界运用甚广，这里不做赘述。

第二个门派主张非竞争关系。这是支流观点。代表人物是史蒂芬·柯维。史蒂芬·柯维曾辅导一家公司与个人签署"双赢薪酬协议"并取得惊人成效，每个人只要完成任务就是胜利者，再也不会有人给80%的员工贴上"次优"或"不行"的标签，他们在公司里奋斗并快乐着，再也没有"我差一等"的人生焦虑。

为了便于理解"双赢薪酬协议"，我把史蒂芬·柯维的观点摘录如下：

你聘用这些人不是为了让他们成为赢家吗

在参加大约有 800 人参加的一次年会上，我偶然发现一个错位的系统。在他们的系统里，800 人当中只有 30 人受到奖励。于是，我走到总裁旁，对他说："你当初聘用这些人不是为了让他们都成为赢家吗？"

"是啊。"

"你聘用了失败者吗？"

"没有。"

"可今天晚上你有 770 名失败的员工。"

"可是，他们没有赢得竞赛呀。"

"他们是失败者。"

"为什么？"

"因为你的思维方式，也就是输赢的思维方式。"

"那你有什么别的高见？"

"让他们都成为赢家。你从哪里得到一定要赛出个你输我赢的概念？在市场中难道竞争还不够多吗？"

"哦，那是生活的方式。"

"是的。你和你妻子的关系怎样？谁输谁赢？"

"有时她赢，有时我赢。"

我对他说："你想让你的孩子们将来照你这样去做吗？"

他说："那我该实行怎样的薪酬制度呢？"

我说："与每个组的每个人达成个人化的双赢薪酬协议。如果他们完成了预期结果，那他们就赢了。"

过了一年，那家公司做了很多探路和调整的工作之后，又请我去参加他们的年会。这一次，有1000人出席了会议。在这1000人中，猜猜有多少人赢了？800人。其余的200人没有赢，那是他们自己的选择。今年和去年简直是天壤之别。那么这800人创造了什么结果？他们创造的效益是去年的30倍。整个公司的文化改变了。整个文化从思维缺乏改变为思维富足。800人的成绩是头一年的30倍。

资料来源：史蒂芬·柯维. 高效能人士的第八个习惯[M]. 北京：中国青年出版社，2010.

那么，我对员工内部竞争关系持什么态度呢？

当然是区别对待，有些地方可以实施内部竞争，有些地方不能实施内部竞争，而且我认为后者居多。

那么，怎么"区别对待"？何处"人比人"，何处"己比己"？

第一，在公司里，有的工作是直接有市场结果的，这时候，可以在员工间引入"人比人"的竞争关系。比如销售人员之间就应该实施"人比人"的排名，因为每个人都有直接的市场结果。

第二，有的工作虽无市场结果，但工作结果可衡量，且员工彼此之间的工作关系是相互独立的，也可排名。比如，有的公司在研发上经常采取两组竞赛制，这是可排名的。

第三，有的工作是没有直接市场结果的，且员工之间是彼此依存的合作关系，这时候，在员工间引入竞争关系就有可能是一个险招。险在哪儿呢？

第一险：一个部门几个人，本来是协作关系，却搞成竞争关系，你的失败就是我的成功，你的成功就是我的失败，助你成功我失败倍增，促你失败我成功倍增……当一个制度使同一部门的人玩起"零和游戏"时，这个制度就是失败的。

这里还有一个小实验可供参考：

我们以相似的两组人员为对象进行了下面的试验。我们告诉第一组本次比赛是以小组为单位的团体比赛，然后告诉第二组本次比赛是选出最差参赛者的个人比赛。在比赛的过程中，我们发现第一组70%的组员都是在互帮互助下完成比赛的。相反，第二组70%的组员都是在互相竞争中完成比赛的。

第二险：遏制潜能开发。人的才能是多元的，潜能是无穷的。贴标签的做法给大多数员工带来负面暗示（心理副作用），不利于潜能的开发，会将员工的暗能力消解于无形。人才测评也一样，不要用人才测评毁坏你的生产力，即不要用人才测评等贴标签的方式毁坏你最优质的资产——员工的自信与能量。

第三险：贴标签毁灭幸福人生。职位上可以有升有降，薪资上可以有多有少，但最好不要给每个人都贴一个标签（优、中、差），这会导致大多数人的痛苦，使人们陷入人生焦虑。

科斯说的"企业内部不能有市场"，是不是也意味着不要把员工关系变成竞争关系？

总的来说，建立员工关系的基本理念应该是：合作为主，竞争为辅。

在公司内部，无论员工之间，还是部门之间，通力合作是第一要务，如非必要，不要把他们变成竞争关系。合作关系容易形成"人扶人"的文化氛围，过度竞争容易出现"人踩人"的不良气氛。内部竞争关系不是不可以有，前提是已经把员工共同推入了市场，竞争要显性化，不要隐性化。

员工内部竞争关系的立足基点是"人比人"策略，员工内部非竞争关系的立足点是不排名的"己比己"策略。作为矛盾的两极，只要条件具备，都有立足机会。

那么，在内部非竞争关系下，怎么淘汰员工？签"双赢薪酬协议"呀！完不成目标，淘汰；对组织付出少、索取多，淘汰。

基因工程之三：整合全球智慧创造全球价值

循环就是力量！

为什么粉丝就是力量？因为循环就是力量。

你所连接的人，或者说你的循环规模，决定了你的能量。报纸、电台、网站、个人（如意见领袖）、企业，无一例外！

人流到哪里，钱就流到哪里，影响力就流到哪里。

乔伊法则说，"最聪明的人永远在企业外部"。抛开聪明不聪明的问题不说，有一点是毫无疑问的，那就是从数量级看，内部人才只是一滴水，外部人才乃是一片海。不管是企业向社会贡献文化基因，还是企业从社会获取文化基因，总之，循环就是力量！

凡举事，方向第一，方法第二。那么，企业怎样才能实现大循环？怎样才能整合全球智慧（包括激发自身智慧）以创造全球价值？借鉴企业或社会的成功经验，这里梳理了打造"共享基因库"的五大方法论。

大奖赛法

2009 年，美国要解决动力火箭垂直起落问题，美国航天局花了 8000 万美元仍然没能解决。结果，发出 200 万美元的悬赏后，谁解决了这个问题呢？一个 8 个人的团队，用了 6 个月时间，花了 20 万美元，就圆满解决了这个问题。

所以，你的企业有什么难解之题吗？与其各处请人，与其全世界游走，与其斥巨资由几个工程师做实验，不如采取大奖赛的方式，把这个问题抛向海量人群。兵上三千出韩信，人上三亿呢？三十亿呢？真的是不可估量。这是借助不特定人群智慧的有效方法。

创立智库法

一是实体智库。华为 20 年间与 15 家咨询公司合作，借力借智。

二是信息智库。据报道，宝洁公司拥有 40 名"技术企业家"，他们的工作就是借助复杂的搜索工具查看上亿网页、全球专利数据库和科学文献，找到或许对公司有利的重大技术突破。此外，宝洁公司还在互联网上加入了 3 个科学家网络。

与用户共谋法

走市场一直是企业家们解决难题的一大路径。牛根生遇到难题，第一选择是走市场，去问消费者，去看竞争态势；娃哈哈的宗庆后一年中的大部分时间都在走市场；格兰仕的梁庆德曾经行万里路，把整个中国市场都走了一遍。

网上共谋则是即时的。小米手机还没上市，就收到了 2 亿条建议,这个建议数超过了乔布斯的苹果。扎克伯格说:"在任何时刻,全球都有成千上万版 Facebook 在同时运行。有时一个工程师想尝试一个想法,他就有权力把这个变动推给 1 万或 10 万人来测试。"

这里的关键在于让供求双方实现"互动谋""迭代谋",这样就可以有效构筑"共谋型企业"。

超标杆管理法

我认为,建立学习型组织的最佳方法就是"超标杆管理法"。

知识无涯,人生有限。即使每天读一本书,33 年的黄金时间不过读 1 万多本书。在每年新出的书中堪称沧海一粟。所以,"选学"比"泛学"重要。如果没有方法论,那么多半都是无效学习。

如果给一个"超标杆管理法"的方法论会怎么样?当然是又快又准。

如果你做某事想成为全世界的 No.1,速度最快的方法,是你先找到全世界的"最佳实践",然后加上自己的创新,这时候,你就有机会成为 No.1。

超标杆管理 = 最佳实践 + 我的创新。

不加自己的创新行不行?不行。因为"橘生淮南则为橘,生于淮北则为枳"。你的土壤和他的土壤不同,你只可学其神,不可套其形。所以,这个方法论的全称不叫"标杆管理",而叫"超标杆管理法"——超标杆者生,套标杆者死。

世界第一 CEO 杰克·韦尔奇让 GE 成长 20 年,他有三大法宝:一是定战略,二是配人,三是寻找最佳实践。

善假于物,这是个人或企业胜出的必要路径。

"总结—反应"模式

据说塞万提斯的好多作品是在坐牢时完成的。

司马迁在《史记》中说:"文王拘而演周易,仲尼厄而作春秋;屈原放逐,乃赋离骚;左丘失明,厥有国语;孙子膑脚,兵法修列;不韦迁蜀,世传吕览;韩非囚秦,说难、孤愤……"

为什么这些人身体不能像以前那样"动"的时候,思想却"动"出了大效果?

这就涉及人的两种活动模式:一是"刺激—反应模式",二是"总结—反应模式"。

上学时,我们学到过"刺激—反应模式"。2005年,我在接受《人力资本》记者采访时,提出了企业家的两种反应模式。忙碌的企业家多陷于"刺激—反应模式",而一旦企业家被迫"清闲"下来,就会进入"总结—反应模式"。

可以说,古往今来的大成功者,都是大总结者。

我下面用两个模型来分别表示"刺激—反应模式"(见图7-3)和"总结—反应模式"(见图7-4)。

图 7-3 刺激—反应模式

二者差别在哪儿?

"刺激—反应模式"通常是一时一己的循环,"总结—反应模式"则是跨时、跨地、跨人、跨物的循环(四跨式循环)。也因此,"总结—反应模式"才能实现：吃别人的堑，长自己的智；观自然的理，造人类的福；超前思维，领先一步！

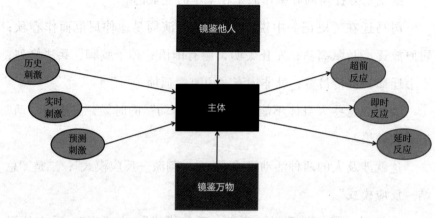

图 7-4　总结—反应模式

这就是"刺激—反应模式"与"总结—反应模式"的巨大差别！只有善用"总结—反应模式"，才有可能缔造伟大的企业。

文化场的秘密

爱因斯坦的相对论说，大质量物体的存在导致了时空弯曲。比如，行星一直是走直线的，但行经太阳造成的"时空弯曲"时，直线就是测地线，从此走成了椭圆轨道。企业仿佛也是这样一个"大质量物体"，会造成个体的"思行弯曲"（企业型集体无意识）——染于苍则苍，染于黄则黄。这是关于文化场的第一个比喻。

在一个磁场中，所有铁屑都会按照磁力线指引的方向进行排列。企业仿佛也是这样一个磁场，会对个体形成磁化。这是关于文化场的第二个比喻。

文化场相当于气候与环境，由此衍生出与之匹配的生物群落。这是关于文化场的第三个比喻。

文化场就是文化基因长期、大规模地复制，从而形成的集群影响力。

文化场是一把双刃剑。管理者要时刻检审：我们正在制造"正场"，还是"负场"？

正文化场 vs. 负文化场

有负文化场吗？当然有。比如，历史上针对妇女的"裹脚文化"，就是一个典型的负文化场。

判断一种文化是正场还是负场，唯一的标准就是，它把人心往善的方向经营，还是往恶的方向经营。因为企业文化归根结底是用来经营人心的。

一般的领导者都会遵循一个原则：怎么鼓舞士气就怎么来。但有一些企业负责人无疑是特殊材料做的，他们奉行的几近是：怎么能让大家不高兴就怎么来！

我曾亲见过一位空降 CEO 的作为。空降之后，按理说，其最大任务莫过于"把大家凝聚到一起，爆发出最大的合力"，但不知哪根神经搭错位了，这位 CEO 整天的口头禅居然是"老蒙牛人"如何如何，"新蒙牛人"如何如何，人为地把队伍割裂为"新"和"老"两大阵营。唯恐天下不乱似的，唯恐上下同欲似的。非常愚蠢！

有个词叫"情绪浪费"。想想吧，每天那些负面的情绪，会造成多少人的能量浪费！

如果你是一位制造负面情绪的领导者，那么，就别指望下属充满信心、阳光上进、创意满满、成果累累。

所以,让员工心理健康、积极向上也许是最大的能量场。

胜利场 vs. 失败场

文化场形成的总体驱动力,就是士气。

说到士气,这里对创业企业有一个特别提醒:慎重初战,初战必胜!为什么?《曹刿论战》说得好:"一鼓作气,再而衰,三而竭。"

一所学校,只要有一个人考上清华北大,此后历年,考上清北的概率就直线上升。

打市场,不必平均用力,只要有一个市场被确凿打开,有了这个榜样,别的市场就顺理成章地打开了。

因此,胜利一次很重要。有了胜利,就有了胜利的气场。气场就是士气。

胜利带来胜利,失败带来失败。

08 文化传播原理
第 8 章

　　文化传播原理：文化需要载体，载体能量决定传播能量。

　　什么是载体？载体就是符号（或其形成的数环）。如何让载体有能量？看看红日吧——繁星满天，太阳一出，只见太阳，不见星星！这就是"红日效应"。载体设计原则：要么自成红日，要么绑定红日。

在这里，我们首先区分一下文化的本体与载体。

就文化而言，精神是本体，只存在于人；符号（或其形成的数环）是载体，可寄存于物。本体与载体的关系，就像地球与地图的关系一样。

文化需要载体，载体能量决定传播能量。

如何让载体有能量？看看红日吧。太阳是天上最大最亮的星体吗？不是。繁星满天，比太阳更大更亮的恒星不计其数。那么，为什么"太阳一出，只见太阳，不见星星"？因为近距作用，因为太阳用最大的能量照耀着我们！这就是"红日效应"。

载体，是企业和社会进行基因交流的工具。

载体设计原则：要么自成红日，要么绑定红日。

许多时候，绑定红日是自成红日的前奏。

在本章，我们将探讨四大问题：自成红日的核心元素，绑定红日的八大招数，什么样的信息消费者乐于转发，为什么负面信息比正面信息传播得更快（由此导出"危机处理三部曲"）。

"自成红日"何其灿烂

我们来看看这些年那些"自成红日"的载体吧。

阿里巴巴"双11"，红遍整个中国，2021年的交易额达5403亿元！

罗琳的"哈利·波特"系列，全球畅销，仅版税就超40亿美元。

罗振宇"罗辑思维"，席卷用户3000万人。

泽连斯基因在《人民公仆》中扮演总统，最后真当了乌克兰总统。

孙宇晨拍下巴菲特午餐，微博阅读量一个月达到 1.2 亿。

当然，如果德不配位，自成红日反而会招致自我毁灭。

必须强调一点：太阳并非宇宙中最大最亮的天体，但它的近距作用让我们见阳不见星。信息世界的所谓"近距作用"，就是在我们的注意力窗口中，某个符号（或其形成的数环）堵在了第一位。事实上，我们几乎可以肯定地说，魔幻小说界比"哈利·波特"好的作品不止一部，但它是"红日"，别的作品不是。

自成红日，要实力，要努力，也要机遇……有时候，自成红日也是绑定红日的结果。

罗振宇绑定的"红日"是顶尖作家的顶尖书籍。

泽连斯基绑定的"红日"是《人民公仆》。

孙宇晨绑定的"红日"是持续 20 年的巴菲特午餐。

我本人写的《蒙牛内幕》绑定的"红日"是蒙牛这个成长冠军。

旗帜是"自成红日"的核心元素

十个人走在大街上，只有一个人举着一面大旗。你最先注意到哪一个？当然是举着大旗的那个人。其他人也许个子更高，也许相貌更美，也许才学更优，但都不是你优先注意的对象。你的眼睛牢牢地被一个意象吸引——旗帜！

什么是旗帜？旗帜就是定位，就是从"万绿丛中"挑出的那"一点红"。

旗帜让你鹤立鸡群！旗帜"呐喊"着你是什么！旗帜决定着什么人奔你而来，什么人离你而去！

有旗则"序"，无旗则乱。旗开得胜，旗不开不胜。

陈胜吴广，壮丁而已，但一面"反"字旗，就让历史记住了这两个闾左小民，而隐去了万千才子帽。

"蒙牛"这个商号，说的就是"内蒙古的牛，内蒙古的奶"，为"不是所有牛奶都叫特仑苏"奠定了基础。这打出的是草原的旗帜。

"农夫山泉，有点甜"。本来是似甜非甜的事，但通过触发味觉联想，形成一种印象冲击波。这打出的是纯天然的旗帜。

"钻石恒久远，一颗永流传"。戴比尔斯把以前裁玻璃的"石头"，变成了象征磐石般爱情的信物，诉诸价值，暴涨价格。这打出的是爱情的旗帜。

托尔斯泰说："幸福的家庭都是相似的，不幸的家庭却各有各的不幸。"但据我考察，反过来说也没什么不对："不幸的家庭都是相似的，幸福的家庭却各有各的幸福。"对于企业来说，尤其这样：不幸的企业都是不善于亮旗的，幸福的企业却各有各的旗帜。

"有旗 vs. 没旗"的时候，有旗者胜。

"你旗 vs. 我旗"的时候，亮旗者胜。

中华恐龙园 vs. 方特欢乐世界

有一次，帮人策划动漫主题乐园。研讨会上，一位据称国内该领域"泰山级"的专家说："说千道万，好玩就行。"

我说："不！旗帜问题是个首要问题。"

我之所以重视旗帜，源于一次调研。

2011年春节期间，我去过两个主题公园，一个是常州的"中华恐龙园"，另一个是芜湖的"方特欢乐世界"。前后脚去的，一个在正月初四，一个在正月初五。如果论好玩程度，我看"中华恐龙园"远不及"方特欢乐世界"，但是前者当天（正月初四）入园人数是6万人，后者当天（正月初五）入园人数是5000人。差了10倍！为什么？原因有很多，比如前者"早生"，后者"晚育"，但核心差别在于这一条：前者有旗帜，后者没有旗帜。或者说，前者之旗鲜明，后者之旗模糊。不信问问你的孩子，是去"中华恐龙园"，还是去"方特欢乐世界"，你的孩子多半会不假思索地回答——"去看恐龙"！

"中华恐龙园"其实与恐龙直接相关的项目并不多，但是，"恐龙"这个旗帜打得好，对人们来说这个符号早已深入骨髓，于是焦点突出，卖点凸显，人来如潮！

旗开得胜的秘密——向旗运动

想拉一支队伍，不妨先树一面旗帜。人群中只有少数人是领导者，多数人是追随者。只要你树起一面鲜明的旗帜，就会引发一场"向旗运动"。正如，栽一株梧桐，聚一群凤凰；种一苗稗谷，招一群麻雀。

你有没有发现，开会的时候，经常会上演两派之争，而这两派各有一个灵魂人物！现在回过头来再想想，这两个灵魂人物是如何成为"灵魂"的？情况大抵如此：有一个人，敢于亮旗，提出一个振聋发聩的观点；又有一个人，也敢于亮旗，提出一个针锋相对的观点。这时候，会议上就出现了两面旗：一面"正旗"，一面"反旗"。其他人呢，无非三种意见：正，反，中。于是，会议就出现了"向旗运动"：一部分人追随"正旗"，一部分人追随"反旗"，还有一部分人企图中立从而成为正反两方竭力争取的对象。

你还有没有发现，当大家不幸身处绝境，情况不明，无一人能够拿出决断性意见的时候，即使跳出一个莽汉，拿出一个断然无法论证的行动方案，也立刻成为黑暗中的火焰！大家本来对这个方案毫无把握，但苦于没有第二方案，于是，姑且跟着他走吧，这是初级的"向旗运动"。走着走着，越走越明朗，越走越像那么回事，于是，这个莽汉的一言一行都仿佛成了救命的指南，威也，信也，这是中级的"向旗运动"。如果经过千般尝试、万般修改，他竟然领着大家走出了绝境，大家便觉得"我们离不开他"，这已经是终极的"向旗运动"了。其实，原始方案和终极方案，可能相差十万八千里，但重要之处在于，它断然启动了拯救的步伐。天下万般事，开端也许只有一个，终端的可能性却成千上万，但无论达成哪个结果，得先动起来，不动只能收获"0"，动起来才能收获"1、2、3……"因此，行动有两种结果，成功或者失败；不行动只有一种结果——失败。

对了，我上面说的有点像"企业家成长三部曲"：发起创业，思想交锋，凤凰涅槃。

千秋万代看历史，敢于跳出来的人，总比不敢跳出来的人机会多一些。人生如戏，戏如人生，若问为何有人在台上，有人在台下，最初其实很简单，跳出来的人站在了台上，没跳出来的人站在了台下……次数越多，这种分工就越固化，于是，有些人长期扮演台上的角色，有些人长期扮演台下的角色。

所以，世上第一要事，莫过于敢于亮旗！亮旗比亮剑更有意味！

领袖的最大特点是旗帜！只要你亮旗，就会引发"向旗运动"！

"文化元点"也许就是你的最大旗帜

为了"自成红日"，这一路你的企业也许会亮出许多旗帜。

但有一面旗帜，你永远不要忘。其他旗帜，也许只是亮一时，但这面旗帜，或许值得亮一世。

这面旗帜，就是"文化元点"。

举个例子。沃尔沃的"文化元点"是什么？"安全"。这面旗帜它亮了多久？已经95年！

沃尔沃近百年的世界首创，都牢牢铆定"安全"（曾经短暂离开过，但立刻受到惩罚，最终还是回到了这面旗帜）。它就像放演电视连续剧一样，一集又一集地掀起"安全风暴"，每一个研发突破，每一次新闻发布，都轰击着我们敏感的安全神经——

1927年，首创带自动雨刮器的安全挡风玻璃。

1959年，首创三点式安全带。

1970年，成立业内首个汽车事故调查研究组。

1973年，首创电子后窗玻璃除霜器。

1984年，第一家全车系皆采用刹车防抱死系统。

1991年，儿童安全座椅。

1995年，发布全世界第一个防侧撞安全气囊。

1998年，发布颈部保护系统。

2004 年，盲点信息系统（BLIS）。

2007 年，禁酒闭锁系统。

2010 年，城市安全系统（City Safety）。

2021 年，第二代 Pilot Assist 智能领航辅助系统。

旗来不易，且行且珍惜。

有句话说，万变不离其宗。这个"宗"，就是企业的"文化元点"，就是企业的旗帜。我在《蒙牛内幕》中说过，这是策划人的最高大法——"创意宪法"。然而，许多广告策划人恰恰违背了这一原则。他们创作的广告片，单个看，很美。但与"文化元点"一对照，驴唇不对马嘴。一部片子一种诉求，十部片子下来，这个品牌在消费者心目中的印象不是清晰了，而是模糊了。这不但不利于品牌积累，反而会形成"品牌碎片"现象。在文学中，这叫"以辞害文"；在集会中，这叫"喧宾夺主"；在象棋中，这叫"车不保帅"……局部看，赢了；整体看，输了。公文中有"主题词"一说，新闻中有"关键词"一说。广告制作同样要有"主心骨"。

如果说做广告需要砸钱，那么，"文化元点"一定是值得砸钱的重中之重。在所有的精神变精神中，企业精神与用户精神之间的相互演化大概排天字第一号。

绑定红日的八大招数

绑定红日，往往是启动自身红日效应最快捷的"第一步"。"自成红日"往往以"绑定红日"为前奏。月亮要是不反射太阳的光辉，那它就是漆黑一团！

现在我们来看八种绑定形态。

瞄准老大法

每个行业都有老大，老大当然是"红日"；如果你能和老大发生联系，自然就会万众瞩目。

让我们一起来看两例"瞄准"过老大的品牌案例。

蒙牛：向伊利学习，做内蒙古第二品牌。

刚成立的时候，蒙牛是全国乳业最后一名，也就是第1116位。但瞄准老大这么一绑，仿佛就成了第二名！

结果：第九年蒙牛成为全国乳业老大。

"第二品牌"策略国外也用过，如"因为我们不是老大，所以，我们更用心"，又如"我们不是老大，来我们这里不用排队"。

老老实实说自己不是老大，却结结实实地把自己与老大捆绑在一起。

万达乐园：让迪士尼20年不赢利。

这是对行业老大的一种"对立式"瞄准，其效不可谓不大，举国报道，万众期待。

结果：万达喊出这一口号两年后，即2017年，迪士尼开始赢利，万达却将手中13个文旅项目的91%股权出售。

分析：虽然载体能量十足，但如果本体能量不足，其结果便是"雷声大，雨点小"。

搭乘热点法

"热点"有什么功效呢？这么说吧：一条毛毛虫爬到马车上，移动速度超过自速十倍；爬到火车上，移动速度超过自速百倍。这个逻辑说明两点：第一点，蹭热点很重要；第二点，蹭热点再重要，也不如你想去哪里更重要。

比如，"凯叔讲故事"就挺会找热点的。它的主体用户是学龄前孩子及其家长，所以它的微信公众号经常搜寻与孩子、家庭相关的热点进行推送，以此吸引粉丝。下面举几个它在2022年搭乘过的热点的案例。

1月31日，春晚直播，贾玲、张小斐主演的小品《喜上加喜》成为热点：一方面，其收视率在春晚语言类节目中位列第一；另一方面，"张小斐同款大衣10分钟售罄"与"《你好，李焕英》出续集了"，双双跻身热搜榜前十。这样的热点岂容错过！于是，2月1日，"凯叔讲故事"微信公众号推出文章《〈你好，李焕英〉春晚出续集：贾玲和这3个女人的故事，太绝了！》，阅读量短时间内达7.8万。

2月6日，中国女足夺冠（亚洲杯），2月8日，"凯叔讲故事"发布文章《中国女足夺冠后的48小时》，阅读量达4.4万。

2月8日，谷爱凌凭借高难度的"转体1620"成功夺冠，2月10日，"凯叔讲故事"推出《谷爱凌家庭背景曝光，网友：有这样的妈，难怪了！》，阅读量达7万。我们发现，在"凯叔讲故事"微信公众号里，"非搭乘热点类文章"的阅读量一般是几千，而"搭乘热点类文章"的阅读量通常为几万，二者相差一个数量级。

热点就是"红日"。

重大事件法

牛根生曾说："如果你不关心老百姓的大事，那么，老百姓也不会关心你的事。"

"国家、民族的大事"就是"红日"，企业如果为这样的大事助力，当然就能够与日同辉。

蒙牛的"航天员专用牛奶"事件营销就是比较典型的一例。我是这一事件营销的主策划人之一。2003年，中国科技界最大的事件是什么？载人航天。那时那刻，世界的焦点在中国，中国的焦点在神舟五号，神舟五号的焦点在杨利伟。

杨利伟喝什么牛奶？

杨利伟喝蒙牛牛奶。

"蒙牛，航天员专用牛奶"由此诞生！

"航天员喝的牛奶，我也喝！"这就是消费者的心理。这一年，蒙牛牛奶成为中国乳业销量冠军！

制造悬念法

2012年，马云和王健林打赌，制造了一个悬念：10年后的零售市场，线上占比大，还是线下占比大？他俩的冲天一赌，惹出多少沸沸扬扬的话题！

2013年，雷军和董明珠也有一赌！雷军向董明珠提出"赌1块"，董明珠呛声"要赌就赌10个亿"！于是10亿豪赌红遍整个舆论界，不止红了1年，而是红了8年；不止红了8年，今后还要红若干年！于是两家企业免费的广告满天飞——也许正是这个导火索，把董明珠炒成了一个"网红"！

一个悬念挂在那儿，悬念未解，话题未完，一惊一乍，连环演绎。

悬念就是"红日"。

借船共渡法

没有船，也许你只能在此岸；有了船，你可以到彼岸，也可以让船自漂万里！这个"船"，就是助你走遍天下的"红日"。

在自己亲身实践前，我们先来看别人的一个小案例。

你收到过免费送你的、供你写挪车电话的卡牌吧？它的背面是广告，有时正面也有广告。如果没有书写挪车电话这个功能，你会保留它并且尽可能长久地把它放置在车上吗？可能性不大。

这个"挪车电话"，就是广告发布者所借的"船"：有了这条船，他的信息就可以"渡"到你这里；没有这条船，他的信息就可能行而不远，石沉大海。

如果所借的"船"——可以是"有形之船"，也可以是"无形之船"——能够引发热议，或者植入人心，则此"船"马力更大！你有没有注意到，"吃火锅喝王老吉""开车累了喝红牛"这些"锁定式意念"不经意间就走进了我们的脑海？这和厂家给我们呈现的"消费画面"有关。这种将产品与特定消费场景相关联的方式，也是"借船共渡法"，"特定场景"就是所借之"船"。

当然，我们这里所指的"船"，主要是指让信息"自渡之船"。"自渡之船"是智慧之船，一个小小的创意，就让信息与船共轭同行，乘风破浪；如果是花大代价买船、乘船，那是"重金雇船"，是另一层面的事情。

动人故事法

人类是故事动物。当年《故事会》能成为全国发行量最大的期刊，就折射出人类的"故事基因"。

动人的故事，就是"红日"。我们来看一例。

我心目中的任正非

我第三次跟任正非打交道，是间接打交道。当时中央提出混改，有一个大央企的领导联系我，他们希望华为参加混改，华为想要什么条件就提供什么条件，各方面都有很多优惠，绝对给足利益。

我给华为最重要的顾问打电话。那人和任总有很多交集，也写了不少讲华为的书。他听了一半就说，你别谈了，这事不行。

原来，任正非定了一套华为原则，"占便宜"的事不做。

1. 占别人便宜才做事，一定是机会主义。一个机会导向的商人，不可能有自己的事业。

2. 天天"占便宜"，怎么发展战略？所以"占便宜"的事儿华为不做，只按自己的战略去做。

3. 一件事上来就给好处，让华为去做平时不干的事，去做不重要的事，肯定不行。

几年前，美国有一家公司，这家公司不赚钱，所以想卖，希望以 400 万美元的价格卖给华为。当时华为和这家公司做的业务完全不同，看上去没有收购的必要。

任正非看完后，却在 400 万美元的基础上又加了 50 万美元，买下了这家公司。为什么呢？因为他研究后认为，这家公司的业务会和华为未来的业务在战略上有重合。果然，几年之后，当华为的战略发展到那个阶段的时候，这家公司帮华为赚了足足好几亿美元。

那个顾问说，这就是华为，归结起来一点，就是"占便宜"的事不做，只做和战略、业务相关的事。

资料来源：微信公众号"正和岛"，冯仑，《我心目中的任正非》，2019年4月24日，本处为节选。

一个小故事，把任正非与华为的格局大手笔地勾勒出来。这样百年一见的商业故事，与"海尔砸冰箱"一样，穿透力强，震撼力大，是载体中的"红日"。

名人代言法

2021年5月15日，网上出现了霸屏标题，声讨某明星代言的某品牌涉嫌诈骗，案值达7亿元！为了避免类似的伤害事件再发生，有关部门已经发出通知，对于类似"滥代"事件，不能"一歉了之"，要追缴代言费。公权介入，有责必究，将进一步净化代言市场。

为什么名人代言法长盛不衰？一方面是扩大品牌知名度，另一方面是增加消费者信任度。

你买过深海鱼油吗？那么多的鱼油，究竟哪一款是可靠的，你无从分辨，正如若干年前你无从分辨自己下饭馆所吃的是正品油还是地沟油一样。

但一位巨星来了，他代言了一款鱼油，品牌叫"汤臣倍健"。于是，借助巨星这个代言载体，汤臣倍健的品牌站起来了！

这里，巨星就是"红日"，此君一代言，汤臣倍健"伴日东升"，其他鱼油都退成背景"繁星"了。

名人代言法还有一些变种，可谓"隐性代言"。

有一年，我买了一套楷模沙发。当时售货员对我说，"某某（名人）也在用"。这套说辞，就是名人代言的变种。

2021年8月8日，东京奥运会结束后，一汽红旗宣布为本届获得金牌的每名中国运动员赠送红旗H9一辆，这就等于让奥运冠军为红旗代言了一把。这是一种隐性代言。

我是异类法

最近开车上街，一个饭馆的名字吸引了我——"贵一块饸饹面"！真是匪夷所思！但正是这种匪夷所思，让你过目难忘！

亿万人站在这一侧，独你站在那一侧，那你就很反常，反常就是"红日"，反常之事越红，那你也就越红。这就是"我是异类法"。

当轿车流行"大"的时候，甲壳虫却说"想想还是小的好"；当玩具盛行"漂亮"的时候，布希耐却推出"丑陋玩具"。这些都是用"我是异类法"胜出的经典案例。

2020年"双11"，网易严选高调宣布"网易严选退出双十一大战"。别人战，我不战。这也是"我是异类法"。

21世纪，是智能汽车的时代。特斯拉造车，比亚迪造车，百度造车，理想造车，小米造车……它们的造车理念都是一样的：给汽车装上计算机。华为却说："我的造车理念是'给计算机装上四个轮子'。"这也是"我是异类法"。当产品跳不出来的时候，就在理念上跳出来，大喝道："我不是你们！"华为一言既落，各方纷议四起，连王兴都跑出来怼。话题很大，传播很广，渗透很深。

产品千万，奇谲者崛起！

消费者只为自己转发

你写了一篇公众号文章（抖音视频同理），肯定希望被转发。

你知道什么样的文章容易被转发？其实要点只有一个：消费者不为你转发，只为自己转发。

把握了这个要点，你也就把握了传播的真谛。其他提示可看可不看。

如果还想了解得深入一点，我们就具体化一下：最能打动消费者七情六欲的文章。

哪七情六欲？说法不一。"七情"这里采纳"喜、怒、哀、乐、悲、恐、惊"的说法，"六欲"这里采纳"求生欲、求知欲、表达欲、表现欲、舒适欲、情欲"的说法。当然，也有"五欲"的说法，"财、色、名、食、睡"。

最大莫过于生死——事关生死的信息。

企业的事会与生死相关吗？有的强相关，有的弱相关，关键是你要去发现、发掘、发布。

沃尔沃强调什么？前面说了，它的符号是"安全"。这与生死相关吧？

婴幼儿奶粉强调什么？长身长脑无毒害。这也与生存相关吧？

住宅强调什么？阳光，绿色，交通。你看，不是保护生命，就是在保护生命的路上（节约时间）。

只是把企业做的事与生死简单关联是不够的，还要有鲜活的证据，生动的故事，如果再能做与时俱进的演绎，那就不是单幕剧，而是一集一集动人心魄的连续剧。

首欲莫过于食色——事关食色的信息。

《华为聘请八位应届博士生，最高年薪达两百万，他们凭什么？》——工作乃是食之源，看了有没有想代入的感觉？

《揭秘食品行业黑色利益链条》——负面信息有时令人揪心。

《盖茨离婚了》——名人的婚姻，广受关注，也许有着我们自己的投射。

首爱莫过于聪明——事关好奇与求知的信息。

《一读就错的100个汉字》——我以为我的汉语炉火纯青，想不到也有几个字这么多年都在错读！让我的孩子看看，让我的爱人看看，让我的朋友看看……

《才知道，名言都是有后半句的》——引发好奇，带动转发。

蒙牛为什么把市场上一本介绍乳制品的书，印了几千万册赠给消费者？你满足消费者的求知，消费者才会满足你的"求爱"。知之深，才能爱之切嘛！

让人喜悦的事。

《嫦娥四号成为首个实现月球背面软着陆的人类探测器》——举国欢欣。

华为鸿蒙OS手机操作系统正式发布，大喜悦。京东商城"今日下单，明日送达"，小喜悦。企业对消费者服务的每一寸进步，都会给市场带来一份喜悦。

让人愤怒的事。

《每对母子都是生死之交，面对校园霸凌我要说NO！》，这条文章当年转发量大，打赏值高。为什么？因为我们都有孩子，或者我们曾经就是孩子，对校园霸凌不是见过就是听过，即使没见过没听过只想象一下都会感同身受，所以，这篇文章所说的话，就是我们想说的吧。不转发，还等啥？

你知道"未晚事件"吗？你知道"孟晚舟事件"吗？让人愤怒！愤怒让我们与受害企业感同身受。

让人惊讶的事。

《每秒写 2000 条稿，机器人抢饭碗》——它居然写得那么快？

"比亚迪居然也能做手机，华为手机就是它代工的！"王传福不经意说出的这个秘密，让人们惊讶，让人们更加刮目相看。

所以，你的传播符号要与消费者的利益、欲望、情感强相关，触动越深传播概率越大。总之，万变不离其宗：消费者不为你转发，只为自己转发。

负极效应

成也媒体，败也媒体。自媒体也是媒体。

负面消息一旦产生，如果消解不当，负极效应会让企业兵败如山倒。

什么是"负极效应"？其包括两层含义：一是"负比正快"，二是"负者更负"。

"负比正快"，是说负面消息比正面消息传播得更快，所谓"好事不出门，坏事传千里"。

"负者更负"，是说一个既含正面信息又含负面信息的消息在传播中，通常所含的正面信息会一波一波衰减，所含的负面信息会一波一波放大。

为什么会有负极效应？

我们先看一篇报道：

我们是不是患上了"坏消息综合征"：美国尼尔森发布了一份亚太各国网民的用户习惯报告，称在整个亚太地区，中国网民最喜欢发布负面产品评论，也只有中国网民发表负面评论的意愿超过正面评论，约有62%的中国网民表示，他们更愿意分享负面评论。而全球网民的这一比例则为41%。

资料来源：《中国青年报》，2010年8月4日。

人们为什么喜欢传播负面消息（通常是别人的）？

有项实验研究：表扬其中一个人更能鼓舞团队士气，还是批评其中一个人更能鼓舞团队士气？据说是后者。因为批评一个人，其他人仿佛都得了表扬；反过来，表扬一个人，其他人仿佛都得了批评。

一人捕形，百人捕影

网络时代，自媒体非常发达，既有"捕形者"，即在亲历亲见后发布原始信息的人，也有"捕影者"，即对别人的原始信息进行二次加工的人，这样就产生了一个奇特的现象：一人捕形，百人捕影。

其后果是，如果捕形者捕得不准，捕影者就错倒一大片。更有甚者，第一个发布者并非真正的捕形者，而是以捕形者身份出现的假捕形者、真捕影者，那后面的二次捕影者就错得更加离谱。还有更离奇的，虽然没有一个人以捕形者的身份出现，但就有那么一群人一窝蜂地在那儿胡乱捕影。

还记得訾北佳制造的那个假新闻《纸做的包子》吗？此谣言被一层一层地传开了，辟谣却没被等量的人看到。

国外有个所谓的"明星公司"——"伯登实验室"。其实它是假的，压根儿就不存在！它不过是巴黎高等商学院在授课时，为研究互联网传播策略而由学生编造的一个假公司（2005年），此后每一年（2005～2014年）都有学生继续为其编造假新闻并发布在网上，然后被不明真相的自媒体不断转载，也被同样不明真相的记者不时报道，于是，轰轰烈烈"存活"了十年！捕影者何其多也！

对同一个人、同一个企业，或者对同一个工具，有投赞成票的人，也有投反对票的人。但是，如果某种机制造成片面投票——或者只显示赞成票，或者只显示反对票——那么，就会给人造成严重错觉，而且这种错觉会形成背离事实的"片面评议风潮"。我用自己于2021年10月写的一个案例来说明这种"片面评议风潮"。

一个工具见"正反"

如何评价KPI？

如果在十数年前提这个问题，那会迎来一片顶礼膜拜的声音。

可是，如果今天再提这个问题，多半会迎来一波声讨："僵化""牢笼""绩效主义毁了索尼""新东方差点被它（KPI）害死"（俞敏洪语）……

其实，不只是KPI，一切理论，一切工具，本来个个兼具"盾牌的两面性"——有利有弊，但舆论规律似乎永远都是"各执一词"：

一部分人在说其利，一部分人在说其弊，胜利者言其功，失败者言其过。

如果在同一时间"话分两头"，倒也情有可原，但事情往往是，说好的时候一窝蜂地说好，说不好的时候一窝蜂地说不好，形成"片面评议风潮"。

这正好说明一个真理：山有多高，影子就有多长，全看你是盯着"本体"，还是盯着"影子"！

这也应了那句古训："誉满天下，谤满天下。"

在互联网时代，一个事件出来后，一面是沉默的大多数，一面是活跃的"喷子"，如果不加分辨，我们就会误以为"喷子"的声音就是全民的声音，以偏概全。

谤满时需要警惕其片面性，誉满时同样需要警惕其片面性。

有一次，一位作家说到三皇五帝时代"人人朴厚，事事圆融，尽善尽美，宛若天堂"。我说，那只是传说。因为无史，所以，后人编造，并且存着影射当代的私心，就把三皇五帝时代说得尽善尽美了。事实上，人性无疑是多元的，天使一般的人也是有一点点魔鬼属性的，丑事多多的人也是有一点点美事的。写人，写史，单面描写的必不可信，双面、多面描写才能写出真实的人、可信的史。

危机处理"三部曲"

2011年，蒙牛出现M1事件[一]，这个事情范围很小但影响很大，

[一] 当时蒙牛有70多个工厂，眉山工厂是其中之一。眉山工厂当时有一个批次的牛奶被检出M1超标，原因是奶牛吃了发霉的牧草导致所分泌的牛奶中含有M1。

导致蒙牛产品全面滞销。

我提出了危机处理"三部曲":就事论事,就事论离,就事论变。

第一部曲,就事论事。一是对内就事论事,正视问题,割除病灶,在哪里跌倒就在哪里爬起。二是对外就事论事。消费者往往并不了解全面情况,一个批次出问题便以为所有产品都有问题,一出问题就把整个企业都看"黑"了。这时候,就需要耐心地说明情况,把全貌呈现在消费者面前。

第二部曲,就事论离。在坑里不能蹲得太久(有的大企业员工成群、反复搜索危机事件反而把自己弄成负面热点),对外就事论事(这里的"事"指危机事件本身)不能太久,这和做员工是一个道理,要不停地表现,不要不停地解释。离坑,最快捷的方式就是"转移焦点法"——创造新的焦点并使其成为热点事件,以覆盖旧事件。

第三部曲,就事论变。蛹变蝶,虫变蜂,完全变态,以新的姿态重返社会。像强生在泰诺胶囊投毒事件发生后,彻底废弃以前的包装,以全新的安全包装重返市场,重获消费者信任,这就属于就事论变。

负极效应的逆反

负极效应从收益上来说,负数为多,但也不乏正数的例子。

有没有作家为了引起读者关注,在报纸上发文章骂自己写的书?历史上应该有过,而且有可能是正收益。

2021年2月,春节来临之际,各大App纷纷在图标上秀出红包金额:抖音分20亿,快手分21亿,百度分22亿,拼多多分28

亿……然而，乐视视频App却在Logo下方附上"欠122亿"的字样！乐视欠债，人神共愤，如今自揭其短，别人便无须再去揭短。随后乐视被送上热搜。天量话题所形成的曝光效应，远远胜过它自己的"一次传播"。与其被忘，不如被炒，失之东隅，收之桑榆。

09 文化生态原理

第9章

　　企业生态圈：今天的竞争，已经不是一个企业与另一个企业的竞争，而是一个生态圈与另一个生态圈的竞争。生态圈和生态圈之间，可以形成更大的生态圈。有核是"活圈"，无核是"死圈"。这个"核"是什么？共同利益。

　　企业生态圈可大可小，同一生态圈内，共生文化是矛盾的主要方面，竞争文化是矛盾的次要方面；不同生态圈之间，竞争文化是矛盾的主要方面，共生文化是矛盾的次要方面。这就是文化生态原理。

本章我们讲两个问题：企业生态圈，文化生态原理。

关于文化生态原理，我们主要讲竞争文化和共生文化，以及竞争文化与共生文化之间的相互转化。

企业生态圈：有核是"活圈"，无核是"死圈"

2003 年，我与牛根生先生共同提出"企业生态圈"理论——"未来的竞争，已经不是一个企业与另一个企业的竞争，而是一个生态圈与另一个生态圈的竞争。生态圈和生态圈之间，可以形成更大的生态圈"。

如果有人对这个理论无感，那就请看看这个理论诞生 10 年后发生的事吧：阿里用"来往"去挑战腾讯的微信，却发现——撼山易，撼微信难（虽花数亿，虽非产品不好，最终折戟而归）。为什么？因为这已经不是一个企业与另一个企业的竞争，而是一个生态圈与另一个生态圈的竞争。

我们再来看看亚马逊败走中国的案例。2019 年 4 月 18 日，亚马逊败走中国市场。亚马逊进入中国 15 年，最辉煌的时候市场份额为 20% 左右，到今天仅占 0.6%。在央视财经评论的《全球最大电商，败走全球最大市场？》节目中，有关专家总结的原因之一，就涉及生态圈——

中国社科院财经战略研究院互联网经济研究室主任李勇坚：（亚马逊）到中国之后，没有跟上中国创新的步伐。举个例子，比如电商会员制，亚马逊在全球其他地方做得都非常成功，但在中国做得很一般。什么原因？非常简单，中国电商也做会员制，而且是从亚马逊学的，但是它们讲创新。亚马逊的会员制主要是免运费，卖得还巨贵：1年388元。那么，京东一开始的会员制，1年99元起价，后来慢慢地建立在生态圈上面，比如说，京东的会员可以享酒店的八五折，比如会员可以捆绑爱奇艺的服务，它建立在一个生态体系上面，不单是会员制，更是形成一个服务的体系。而这些方面亚马逊都没有跟上，它还是把美国的那一套原封不动地搬过来。

看到要点没有？

第一个要点：仅就中国的电商会员制而言，京东的生态圈比亚马逊的生态圈大。京东的生态圈中有酒店、有爱奇艺，而亚马逊没有。

第二个要点：京东为什么可以和爱奇艺以及部分酒店形成同一生态圈？因为可以双双增加会员，实现共赢。

打造企业生态圈要以共同利益为核心。有核是"活圈"，无核是"死圈"。

再如，利益和谐时，阿里入股美团，二者结成"活圈"；利益冲突时，阿里撤资美团，二者陷入"死圈"。

企业生态圈为什么比单个企业有更强的竞争力？

小米有一个"竹林论"：小米手机是一根巨竹，与所投资的100多家硬件企业，以及之后所连接的无数家硬件公司，构成竹林……拔一根竹子容易，拔一片竹林则几无可能，竹子的根都是在地下相连的。

一句话来说：撼企业易，撼企业生态圈难。

我们还回到2003年，时任蒙牛总裁牛根生在中国乳业协会第九次年会上做了《打造"企业生态圈"》的演讲，他说："谁掌握了'生态圈'的钥匙，谁就学会了'阿里巴巴'的魔咒，明天的大门就将为谁轰然洞开！"

真是无巧不成书！4年后的2007年，马云果然带着阿里巴巴团队来到蒙牛，看了蒙牛的许多标语。当看到关于"企业生态圈"的论述时，马云说："这是蒙牛的'1号文化'！"他和团队成员在这里停留的时间最长，合了影，讲了话。他对团队成员讲话的大意是：没想到在一个传统企业里，找到了我们互联网企业的基因。

回到会议室的时候，马云请牛根生不用讲别的，就讲一个命题——"企业生态圈"！

小结：那些热衷于一雁孤飞却不知道缔结生态圈的企业危矣！一雁孤飞，遇到好猎人，就会一命呜呼；缔结生态圈，就会形成"击其首则尾至，击其尾则首至，击其中则首尾俱至"的常山蛇阵。不，比常山蛇阵更甚，那是"荒原草阵"：支支分立，却是根根相连，抱成团，结成网，"野火烧不尽，春风吹又生"。

竞争文化：圈与圈的搏斗

两个企业之间，两个生态圈之间，在竞争文化为主导的时候，通常会陷入决一雌雄的决斗。决斗中，只有聪明的企业才能获得胜利。这里，我们先看一般意义上的"三争法"，再来看保障胜利的"连环竞争观"。

三争法

面对竞争，企业的应对方式主要有三种：无争法、强争法、弱争法，合称"三争法"，也可以叫作"竞争三原色"（竞争的三种基本形态，其他竞争都是由这三种基本形态衍生出来的）。

无争法：就是挺进无竞争领域。

强争法：就是强者碾压弱者的竞争战略。

弱争法：就是弱者挑战强者的竞争战略。

无争法

怎样才能无争呢？

绝对的无争是没有的，这世界永远都是红海之中有蓝海，蓝海之中有红海，所以，正常企业都处于"两栖状态"——一条腿在红海中，一条腿在蓝海中。

无争法在实践中主要有两条路线：一是"先者为王"，二是"剩者为王"。

"先者为王"就是通过先发优势，在市场中占据头部位置。像蒙牛创立之初，凭借一支新产品——蒙牛枕牛奶——领先市场半年。随后各大乳业纷纷跟进，但抢得先机的蒙牛，在枕奶产品上的霸主地位已经无人能撼，排名在其后的九大品牌的枕奶的销量之和，都不及蒙牛一家。拿破仑说："我的军队之所以常胜不败，就是因为在与敌人抢占制高点时，我们总是早到 5 分钟。"产品竞争也是这样。

"剩者为王"就是通过残酷竞争，淘汰其他对手，自己一枝独秀。像微信就是一路过五关斩六将。到今天，微信的生态圈已经无人能够撼动。

无争法中，既有客观无争法，也有主观无争法，我们分别来看两个案例。

第一例，客观无争法。

做别人没做的事，是一种无争。可是，如果所做之事太容易，你一做，就相当于提醒大家都来做，还是没有胜算。所以，有效的无争，是做别人没有做且做不了或不好做的困难事，这叫作"求难法"。

关于找难的事情去做，这里借用周其仁教授的论述来说明。

非常重要的一条就是我们的决策心理——找容易的事情做，还是找难的事情做。你去访问以色列就知道这个民族为什么厉害，他们的理念就是难的事情容易做成。如果说我们有什么问题的话，就是大家都挑容易的事情做，反而让事情很难做。什么叫难的事情容易做？以色列第一个得诺贝尔奖的人，我们请他做报告，他说母亲对他的影响最大。他小时候母亲跟他讲，你走进一条河，可以逆水走，也可以顺水走，但你要永远逆水走，因为逆水难走，走的人少，难的事情容易做成。我很受启发。

所以我说中国经济到了要挑一点难的事情做的时候了，谁做难的事情，谁的前景就好……这也是我觉得中国经济最有希望的地方，就是每十年出一批新的头部企业……这是企业家精神中非常重要的一条。

资料来源：中国企业家俱乐部，《周其仁：大家挑容易的事情做，反而事情很难做》，2019年5月28日。

关于难易问题，除了中国古典文学中的"为之，则难者亦易矣；不为，则易者亦难矣"，纪伯伦在《我的心只悲伤七次》中说得更具震撼力："我的心只悲伤过七次……有一次，在难易之间，我选择了容易。"

第二例，主观无争法。

主观无争法，也可以叫作"无视法"（客观有争，主观无争）。"无视法"不是"鸵鸟政策"吗？不是，有时候，正是这种"初生牛犊不怕虎"的无视、无畏，才会让这个世界偶然出现"牛胜虎"的奇迹。

我们看一个黄鸣的例子。

好的老板"目中无人"

说来大家可能不信，皇明从创业到成为中国太阳能巨无霸的十多年间（本书作者注：竞争无常，如果一个企业进入衰退期，并不能因此否定它曾有过的成长期），从不研究竞争对手，哪怕它们的当时实力和影响力与皇明接近或比皇明更大。

大凡创业公司、创业老板是没有优势可言的，有的只是"一颗红心两只手"。而按照 MBA 课堂上要求的 SWOT 分析，得到更多的结论不过是自己的一无所有和竞争对手的强大，最后真容易被吓死。

一个好的创业老板面对竞争对手时，不但要有必胜的信心，看到自己的优势、机会，还要敢于坚持自己已经形成优势（哪怕再微弱）的战略方向，不受诱惑，不受干扰，坚持到底优势就会变为胜势。商场如战场，但商场不是战场。尤其是在自己比较弱小的时候，更不能动不动就分析竞争对手，这样会严重打击自己团队的士气。

资料来源：《中国企业家》。

强争法

强争法,就是强者碾压弱者的竞争战略。

前面我们说过,模仿是大公司的专利。也就是说,强者可以通过模仿弱者来消灭弱者的差异化战略。我们来看一个碾压实例。

问:早餐奶是哪家公司的?
答:蒙牛的。
问:早餐奶是蒙牛发明的吗?
答:不是。早餐奶是三元发明的。
问:那为什么更多人只知道蒙牛早餐奶?
答:因为蒙牛势力大,三元在早餐奶上只做了个开头,蒙牛立刻铺天盖地。

结论:蒙牛采取强争法,把三元早餐奶这个"开拓者"变成了"追随者"。

弱争法

《孙子兵法》的精髓之一:集中优势兵力攻敌一点!攻敌最薄弱的一点。

这一点道尽了弱争法的精髓。

也就是说,弱者的出路在于聚焦!这是一种点式突破。也有人将其概括为"关键局部"。《商战》一书将挑战者对付领导者的核心策略概括为:攻击对方优势中不能克服的弱点。

"得到"App为什么在强大的"喜马拉雅FM"面前能够崛起?

因为"得到"只做"头部产品",结果在"从头到尾"都做的"喜马拉雅 FM"面前,反而异军突起。

创业企业要遵循论文创作原则——"切口要小,挖掘要深"。

连环竞争观

连环竞争观:竞争要打"组合拳",要踢"连环脚",环环相扣才有赢的机会;不要轻易挑动竞争对手,不能有前手无后手,不能出了第一招没有第二招。

凡竞争,道理都有相通之处。拳击场上,最后赢拳者往往赢在"组合拳"上:一拳打个趔趄,十拳趁势而上!棋场上,越厉害的棋手,步数看得越多。这符合"蝴蝶效应":先捕捉到稍纵即逝的时机,后以排山倒海之势取得完胜。

世界上最弱的挑战者,就是还没想好第二招就轻率出招的人。出上一招没下一招的,叫作"孤环竞争";出第一招前想好第二招乃至第 n 招的,拥有"连环竞争观"。孤环易死,连环长命。

孤环竞争一:特仑苏 vs. 金典

竞争是个奇怪的现象,一般的规律是:价格高的企业处于上风,价格低的企业处于下风。

说个悖论:在市场已经启动的企业中,我们好像多见因卖低价而死的企业,稀见因卖高价而死的企业(市场没启动的企业不算,还没用户就自嗨个高价,不在此列)。为什么?最近我在一个公共食堂里发现了秘密:这家食堂价格"公道",但许多人宁愿跑外面高价吃饭也不来这里。为何?因为这家食堂卖带鱼,全部是又细又小的尾部或小带，价格低则低矣，顾客买来也基本倒掉；他们卖的牛肉，多数有一种似坏非坏的味道，大约是某些冷库的陈年压货吧！

　　蒙牛特仑苏是中国乳品市场上第一支高端奶，总是比作为追随者的其他高端奶的价格高一头。但有一年，总比金典高一头的特仑苏却处于下风了——金典的价格第一次超越了特仑苏。

　　原来，那一年伊利金典涨价了。如果搁在往常，毫无疑问，几乎是不假思索地，特仑苏会立刻提价，涨到金典之上！但不巧的是，那一年蒙牛的市场副总裁换成了一个西方人，他可是个专家啊！于是，调研呀，开会呀，论证呀，犹豫呀……三弄两弄，四五个月过去了！等到终于恍然大悟，把特仑苏的价格调到金典之上时，想不到在涨价的第二天，伊利就将金典的价格再次涨到特仑苏之上。这下蒙牛这个市场副总裁傻眼了，你总不能三天两头地涨价吧？于是，金典骑到了特仑苏头上，而特仑苏用价格优势显示品牌优势的惯性彻底被打破。也就是在那一年，蒙牛历史上第一次遭遇了负增长。

　　如果把特仑苏这次涨价看作第一招，那么，这个市场副总裁想过第二招吗？没想过！所以，等伊利怼过来之后，他就无计可施了。再加上此时的蒙牛总裁格局、能力都有限，在公司里弄得人怨沸腾，所以，那两年蒙牛步步都是坎坷路，直到当时的总裁出局。

　　更早的三株则是死于"孤环竞争"：三株口服液因为"一瓶三株喝死一个老汉"而与用户打官司，逻辑非常对，批量生产的三株如果真会致命就不会只致一命。但战略错得离谱，这个官司打得越久，"喝死"这个符号传播得就越远！最终，官司打赢了，但公司在官司结果出来的两年前就垮了！一句话：战术上赢了，战略上输了！所以，企业领导人要警惕"战术之赢，战略之输"。

孤环竞争二：晁错现象

历史上，西汉时期的晁错就是个有前手没后手的主儿。他主张削藩时说"今削之亦反，不削亦反。削之，其反亟，祸小；不削之，其反迟，祸大"，但真正因削藩而激起"七国之乱"后，他却毫无"后手"，竟提出两个馊主意：一是皇帝亲征我坐镇，二是割让两城以止叛。出了第一招，没有第二招，是要付出惨重代价的，最终晁错被腰斩。

共生文化：小圈向大圈延展

企业生态圈最小有多小，最大有多大？可以说"有底无顶"："有底"指下有封底，企业生态圈的最小单位是一个企业；"无顶"指上不封顶，企业生态圈的最大单位一眼看不到头。

一般地，缔造企业生态圈，最好着力打造"大文化圈"。什么是大文化圈？以一企为径的圈，是小圈；以一国为径的圈，是中圈；以全球为径的圈，是大圈。跨国企业的文化圈都是以全球为径的。

判断企业和企业之间是否构成企业生态圈，或者判断企业生态圈和企业生态圈之间是否构成更大的生态圈，其标准是什么？看矛盾的主要方面：两者之间，共生文化为主导，同圈；两者之间，竞争文化为主导，异圈。也就是说：同一企业生态圈内，共生文化是矛盾的主要方面，竞争文化是矛盾的次要方面；不同企业生态圈之间，竞争文化是矛盾的主要方面，共生文化是矛盾的次要方面。

这里澄清一点，我们所说的企业生态圈概念和自然生态圈概念不是一回事：在自然生态圈概念中，食物链上的"狼"和"羊"在同一生态圈中；在企业生态圈概念中，因共同利益而结盟的企业在同一生态圈中，两个相互要吃掉的企业各有各的企业生态圈。

曾经，滴滴和快的，打得何其凶也！竞争文化为主导，二者属于不同的企业生态圈。然后，滴滴和快的合并，成为一个企业，当然是同一生态圈。

为什么奥运主办方选择合作伙伴，同一行业只选一家，有排他性？因为企业要构筑自己的生态圈，无法与竞争的同行在奥运旗帜下构成同一生态圈。

中国圣牧的沙漠有机奶主要供应着蒙牛，二者形成企业生态圈；一度，伊利差点收购圣牧，如果收购成功，圣牧就和伊利构成了新的企业生态圈，圣牧和蒙牛原有的企业生态圈就解体了。而赛科星之前在蒙牛生态圈中，现在转入到了伊利生态圈中。也就是说，同圈、异圈是可转化的：当共生文化超越竞争文化的时候，异圈结盟，变同圈；当竞争文化超越共生文化的时候，同圈解体，变异圈。

圣牧有自己的生态圈，现代牧业有自己的生态圈，雅士利有自己的生态圈，蒙牛有自己的生态圈，而由于蒙牛的缔造作用，它们目前共同构成一个更大的企业生态圈——蒙牛系企业生态圈。

联盟大师牛根生

牛根生能够先后带出伊利、蒙牛两大巨头，绝不是偶然的。仅从结盟角度看，他就是个联盟大师。

1996年，偏居一隅的伊利想从内蒙古走向全国。大家会认吗？伊利，人不知；奥运，全民认。牛根生出手，让伊利冰激凌成为亚特兰大奥运会特许冰激凌指定产品，于是，伊利"火炬"凭其带有奥运印记的产品特性，成为当年最火的冰激凌产品。从此，伊利成为中国冰激凌大王。

2002年，牛根生让蒙牛跻身中央电视台春节联欢晚会（晚8点开场报时）。"春晚"是什么水平？今天我们知道，阿里和腾讯的服务器都曾死在"春晚"上！那是让全球最大的服务器崩溃的伟大人潮！不足三岁的蒙牛就和"春晚"结盟了！

2002年，蒙牛与摩根士丹利结盟。想在全世界融资，谁认？不认蒙牛可以，摩根士丹利你也不认吗？于是，2004年，蒙牛在香港成功上市。

2003年，蒙牛搭上神舟五号，成为"航天员专用牛奶"。那年那月，世界的焦点在中国，中国的焦点在神舟五号。这一年，蒙牛液态奶销量全国第一。

此后几年，蒙牛又成为运动员专用牛奶，并与迪士尼、星巴克等国际品牌结盟。

创立老牛基金会之后，又与比尔·盖茨联合创立深圳国际公益学院，与保尔森基金会联合开创湿地保护项目，与大自然保护协会联合开创生态示范项目……

可以说，牛根生的奋斗史，就是一部联盟史。

不管同圈异圈，都有共生文化和竞争文化

不管是同一企业生态圈内，还是不同生态圈之间，都同时包含共生文化和竞争文化，只是主导者不同。

异圈包含共生文化的例子：天然的竞争对手有共生文化吗？有，出租行业从业者共享诚信黑名单就是一种有益各方的联合。

同圈包含竞争文化的例子：滴滴派单的时候，派单范围内的车辆之间其实就存在着竞争，顾客总量一定的情况下，同一范围内车辆越多，每个车获得的订单就越少；圣牧向蒙牛供应有机奶，也存在着价格博弈。

也正因为同时包含两种文化，所以，只要相矛盾的两种文化地位发生逆转，同圈与异圈就发生转变。

同圈异圈的可逆性，决定了企业打造核心竞争力的不可或缺性。任何时候，盟友都是"拐杖"，自己才是"大腿"，最好别让"拐杖"替代"大腿"，否则，盟友一翻脸，你就有"断腿"之虞。这是"大腿—拐杖论"。

10 文化效能原理

第 10 章

文化效能原理：生产力是检验企业文化的唯一标准，生产力兴则企业文化有效，生产力衰则企业文化无效。

企业文化不是道具，而是本领。

生产力是检验企业文化的唯一标准，无法化为现实生产力的企业文化等于零。

那么，生产力又该怎么衡量？是增长 50% 算理想呢，还是增长 80% 算理想呢？

文化效能原理是其他九大原理的终点、落脚点，如果企业在其他九大原理上的表现接近最佳实践，那么，企业的文化效能也就接近最大化。

先看九大原理的起点。第一大原理，文化九变原理，最佳实践是什么？企业是个经济组织，三循环也好，九变也好，最终衡量指标是物质创造最大化，或者说财富创造最大化。

接着看"聚变弧"。第二大原理，文化拼图原理，最佳实践是什么？"文化元点"要立足于世界变革最大化。第三大原理至第五大原理，文化选择原理、文化矛盾原理、文化演化原理，最佳实践是什么？满足社会需求，创造社会需求，造福人群最大化。

再接着看"裂变弧"。第六大原理，文化主体原理，最佳实践是什么？能力发挥最大化。第七大原理至第九大原理，文化基因原理、文化传播原理、文化生态原理，最佳实践是什么？参与人群最大化。

九大原理九九归一，即是要实现生产力最大化（人本身也是生产力中最革命、最积极的因素）。

由此，我们列出生产力最大化的四个指标：财富创造最大化，能力发挥最大化，世界变革最大化，人群关联最大化（造福人群最大化+参与人群最大化）。这些指标通常不是孤立的，而是联动的，但指示的维度有所不同。

我们通过四个辩证来寻找有利于实现上述四个最大化的理想方案，让企业文化成为生产力的发动机。这四个辩证是：兴衰辩证（让财富创造最大化），长短辩证（让能力发挥最大化），快慢辩证（让世界变革最大化），福祸辩证（让人群关联最大化）。

兴衰辩证：让财富创造最大化

"兴"的业务是啥样子？需求激增，供应有奖。就是最近20年中国手机、中国牛奶、中国电商高速崛起的样子。

"衰"的业务是啥样子？需求锐减，供应无奖。2017年3月，时代集团总裁王小兰在接受《中国企业家》杂志采访时说："两三年的时间，很多企业都死了。我们（焊接）这个行业，原来2000多家，去年死了1/3，今年有可能又死1/3。"

在公认的投入产出周期内，下面三种情况的机会成本是多么不同：

A. 投入财富种子"1"，创造财富果实"10"。
B. 投入财富种子"10"，创造财富果实"1"。
C. 投入财富种子"100"，创造财富果实"–1"。

这是三种全然不同的兴衰境界。

对于企业来说，许多时候，入局决定结局。基本原则是：不入低水平重复建设的局，而要入开辟的局、颠覆的局。

衰的业务也有一些市场需求，难道就不做了吗？不是不做，而是跟着需求"变道"：纸媒体为什么衰落？是因为"今日头条"等数字媒体的替代。从这里也可以看出，有衰必有兴——这无非是用新技术、新模式，把原来的事"再做一遍"。

有道是：顺势而为，15%的努力，85%的收获；逆势而为，85%的努力，15%的收获。

讨论："细节决定成败"还是"大势决定成败"。

过去有句很流行的话，叫作"细节决定成败"。

那么，我们今天要问了：到底是"大势决定成败"，还是"细节决定成败"？

农民这一年种西瓜还是种大豆，远比他这一年把地锄得一丝不苟重要得多！任何一个五星级酒店，都比爱彼迎的细节多，但不建一座房子的爱彼迎成了旅店老大。可见，细节决定体验，但不决定成败。大势比细节在更大权重上决定了成败。

在决定成败上，大势是必要条件，细节也是必要条件，但大势不是充分条件，细节也不是充分条件。所以，我们只能讲权重。或许大势的权重为70%、细节的权重为30%，或者是其他比例，但绝不会倒挂。

或辩曰："不究细节怎么发现大势？还是细节决定成败。"好吧，那我问你，如果压根儿没有"大势"，"细节"是谁的细节呢？细节必是某个大势下的细节，没有脱离大势的细节。有疫情和没疫情是不同的大势，不同大势下所努力的细节也大不相同吧？研究问题，总还是要区分出第一性和第二性的。你当初加盟阿里巴巴还是8848，这是大势，是第一性的；认真工作，这是细节，是第二性的。第一性决定了你的第二性的努力有没有价值，价值有多大。招人，牛式人才或马式人才是大势，努力工作是细节；大势已定，细节有限，牛变不成马，马变不成牛。

长短辩证：让能力发挥最大化

木桶理论深入人心。但针对误用木桶理论的实际情况，我于2005年提出了"长板定理"。

长板定理：一个人，一个团队，一个企业，大多数情况下应该盯住长板，而不是短板。"让长板更长"的理念，将胜过"让短板变长"的理念。做长则长，做短则短。

"长板定理"与"木桶理论"都有用，但适用情况不同。

一般而言，在非流程条件下，应该使用"长板定理"；在开放的流程条件下，也优先使用"长板定理"；只有在封闭的流程条件下，才适合使用"木桶理论"（见图10-1）。

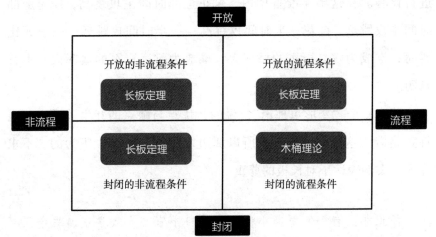

图 10-1　主体对"长板定理"和"木桶理论"的优先选择

在非流程条件下——优先使用长板定理

长板定理让个人更成功。

你有没有发现，一个人的成功，多数是让长板更长的结果，而不是弥补短板的结果？

例如，在音、体、美三样中，如果一个人最擅长体育而最不擅长美术，那么，他难道要拼命弥补那个"美术短板"吗？当然不是！他应该努力加长"体育长板"。

即便在体坛内部，那些冠军也非常集中于自己的长板：跳高冠军很少成为跳远冠军，短跑冠军很少成为长跑冠军，大球冠军很少成为小球冠军……都是把自己的长处发挥到极致，去做单一领域的冠军。否则岁月蹉跎，终将一事无成。

这里面还有机会成本问题。即使有三个长板，有时候也只能聚焦其中一项。假定现在有A、B、C三个人进行跳高比赛和跳远比赛，目前他们在跳高与跳远两项竞技上资质完全相同，自主练习半年后进行比赛。在这半年准备期内，A花全部时间主攻跳高，B花全部时间主攻跳远，C花一半时间攻跳高、一半时间攻跳远……正式比赛时，谁成为跳高冠军的概率大？谁成为跳远冠军的概率大？不言自明。

蒙牛有个"变形虫理论"，说的是优点与缺点的互生关系——也许正是因为这边凹下去了，所以那边才能够凸起来。华为的"不求完人"案例表达了对长板的尊重。

任正非：有个俄罗斯小伙子，是科学家、大数学家，我今天早上跟他们说，你们有合适的女朋友给他介绍一下。这小伙子不会谈恋爱，只会做数学，他到我们公司来十几年天天在玩电脑，不知道在干什么。然后我们管五万研发人员的人到莫斯科去看他，打个招呼，一句话就完了。我给他发院士牌牌的时候，跟他讲话，嗯，嗯，嗯，三个嗯完了，就没有了。

就是说他不善于与人打交道，他十几年默默无闻在干啥我们并不知道。结果突然告诉我，我们把2G到3G突破了，这个算法突破了，一讲，我们马上在上海进行实验，实验确实证明了，我们这么一下就领先全世界。

资料来源：央视《面对面》，2019年5月27日。

长板定理让企业更成功。

腾讯的成功，奠基者是QQ。说明社交流量是长板，因此腾讯让长板更长：做了微信，做了游戏，并且为自己投资的企业导流。

阿里的成功，奠基者是阿里巴巴网站。说明电商是长板，因此阿里让长板更长：做了淘宝，做了天猫，做了支付宝。

阿里也"染指"社交，腾讯也"染指"电商，但都不怎么理想，因为这是补短板思维。腾讯最后把补短板思维（自己直接做电商）改为整合长板思维（扶植京东、美团等已经做起来的电商），这就属于在"开放的非流程条件"下选用长板定理——继续做强自己的流量长板，整合外界的电商长板，并让二者"长长联合"。

在开放的流程条件下——优先使用长板定理

为什么？

这是由社会化大生产条件下生产力最大化这一原理决定的。

第一，每个主体都不可能十全十美，总是长板与短板并存，但你的长板必是有的主体的短板，你的短板必是有的主体的长板。

第二，在开放条件下，社会效益最大化的做法是——把你的长板发挥到极致，把你的短板通过整合"社会长板"来解决。

苹果做手机，手机里的零件一个也不能少，这属于流程条件，但这是一个"开放的流程条件"，所以，苹果只对自己的设计长板及生态长板追求极限式更长，对自己的众多短板则通过整合"社会长板"来解决：芯片主要用高通的，屏幕主要用三星的，工厂主要用富士康的……强大如苹果，尚且通过整合"社会长板"来补己之短，你还在等什么呢！

虽然我们身处开放环境，但单纯的补短板思维并不鲜见，甚至会发生在一些成功的企业家身上。

比如，有一次，董明珠在接受采访时说："我觉得小米没有自己的生产线，只是贴牌，现在又有很多各种各样的东西，都打的是小米（的品牌）。但是我觉得一个企业从长远的发展看，根基应该在自己手中，不能掌握在别人手里，所以我一直要坚持微笑曲线的底端，其实我觉得更多愿意去牺牲，去付出。大家有不同的思维吧。"这篇报道总结说：董明珠觉得没有微笑曲线的底端，微笑曲线也就不存在了。

很显然，董明珠的观点不能成立。

从实践上看，耐克等国际大品牌已经成功趟出了"大两端，小中端"或"极两端，零中端"的路子；从理论上看，任何一个企业，都只是大局里的一个点，这个点无法穷尽所有，"自给自足"只是相对的，"互联共生"才是绝对的。

把"做微笑曲线的底端"归结为"去牺牲,去付出"也不恰当,那或许正是某些企业的长板所在。

任正非在 2019 年 5 月 21 日接受央视《面对面》记者采访时,就谈到了整合"社会长板"的问题:"坚决反对(盲目补短板)……我只做长的这块板,让我再拼一块别人的长板,拼起来不就是一个高桶了?为什么要自己变成一个完整、完美的人?完美的人就是没用的人,我们公司从来不用完人。"

在封闭的流程条件下——要盯短板

实际上,木桶理论只在一种情况下才适用,那就是线型工序之间,即当下一道工序的结果是以上一道工序的结果为前提的时候,所有问题就有了"株连效应"。

例如,如果你用一颗臭鸡蛋做菜,那么,无论怎么炒,怎么蒸,怎么煮,出锅后仍然是一颗臭蛋,这就是"最短板决定"的典型代表。这时候,就需要优先解决"臭鸡蛋"问题。可见,木桶理论实际上是"流程论",而且是"封闭条件下的流程论"。

企业的生产线通常就是一个"封闭的流程条件",一处卡壳,全线受阻。这时候,解决短板是第一要务。

小结:活在"木桶理论"世界的人,哪儿短补哪儿;活在"长板定理"世界的人,哪儿长展哪儿。十年过去了,前者一事无成,后者登上塔尖。是木桶理论至烂吗?是长板定理至灿吗?都不是。用对了,都会锦上添花;用错了,都会雪上加霜。

快慢辩证：让世界变革最大化

这是一个速生速朽的时代，"你改变世界的速度"和"世界改变你的速度"在竞赛，这是一场拔河，也是一场逆水行舟。有多少企业，今天"小不点儿"，明天"巨无霸"；又有多少企业，才晋"领头羊"，转眼"屠宰场"。

全球财富500强，平均寿命十几岁，这意味着，"老江湖"不断退出"江湖"，"小年青"不断坐到"C位"。如果你看看榜单，就会发现，退出的多是业务老旧的企业，新晋的都是数环发达、改变世界的企业，外国如谷歌，中国如小米。

2011年第一届中国民营企业500强，至2021年已有132家破产或成失信人，占比约1/4！约25%！

十年弹指一挥间，弹去多少浮华。谁不能让世界变革最大化，世界就让谁变得最小化！

十年磨剑十年心，磨出多少光焰。你照亮世界，世界也将照亮你。

飞船定律

宇宙飞船一旦发射出去，就只有两种命运：一种是摆脱不了地心引力，掉下来；一种是挣脱地心引力，飞出去。掉下来，还是飞出去，取决于是否达到或超过"环绕速度"——"第一宇宙速度"。一个创业企业，不能高速成长，就只能高速灭亡，没有静止在半空的"第三种状态"，这就是"飞船定律"。

我在2002年提出"飞船定律"时，当时还有人不同意，但它在信息时代的表现只会越来越突出！

　　一个加速度大的企业，今天在同行身后，明天在同行身边，后天一骑绝尘。从小猫到巨虎，仿佛就在眨眼间。

　　前文我们讲到500强的整体速变，现在来看几个速生速朽的个案。

　　成长加速度：做到20亿美元，蒙牛用了6年，谷歌用了6年，小米用了2年。

　　衰落加速度：索尼、诺基亚今天的市值不及原来的1/10；乐视、信威、暴风、康得"其兴也悖焉，其亡也忽焉"！

　　电脑操作系统的竞争史，更加说明"环绕速度"谁达谁生、谁不达谁死：甭管A家与B家性能谁优谁劣，只要A家的装机量比B家多出5%，大多数应用程序开发商就会为A适配，而不会为B适配，马太效应无限扩大，最终结果便是：谁"抢先一步"，谁"领导一生"。当然，昨天适用的今天不一定适用，电脑适用的手机不一定适用，华为鸿蒙手机操作系统正在崛起，有望成为苹果与安卓之外的第三极。

　　很多时候，发展得快，大问题变小问题，小问题变没问题；发展得慢，小问题变大问题，大问题变死问题。

　　美团的王兴的说法也验证了"飞船定律"：在"赢者通吃"的互联网行业，基于同样的商业模式，要么做"领头羊"，要么做"炮灰"，没有中间状态。

　　对于创业竞争来说，同是伟大的想法，早到早占位，晚到晚叹息。

福祸辩证：让人群关联最大化

一般地，对于公司来说，造福程度与关联人数成正比。

那些造福公司尽人皆知，个个风生水起，人群关联最大化：百度的聚众，滴滴的便捷，小米的亲民……

那些造祸公司也不多说了，个个灰飞烟灭，人群关联最终归零。

现在我们讨论一些人群关联较大却造福造祸不明的例子，因为它不明，所以需要重点关注。我们的口号是：只造福，不造祸，福祸不明谨慎做。

那些被"第三因素"哈哈镜系统决定价格的例子

商品的价格是由什么决定的？

商品的价格是由价值决定的。我们把价值列为决定商品价格的第一因素。

学过供求理论的人还知道：商品的价格是由供求关系决定的。我们把供求关系列为决定商品价格的第二因素。

但决定商品价格的显然还有"第三因素"。下面举几个例子。

虚拟货币的价格

比特币 2009 年刚面世的时候价格是多少？1 美元可以兑换 1300 个比特币，也就是 0.000 77 美元 / 个。

2021 年，比特币的最高价格曾达到多少？6.5 万美元 / 个。

这个价格是价值决定的吗？这个价格是供求关系决定的吗？似乎都有，又似乎不是仅由这两个因素决定的。

虚拟货币的本质是什么？非法定货币。

虚拟货币稀缺吗？不，它可以无限供应，具有"非稀缺性"——单看比特币，似乎是数量封顶的；但如果从虚拟货币的整体来看，种类具有无限性，可以有比特币、狗狗币等成千上万种直至无限种。

这样，某种虚拟货币最终的命运可能就取决于它是否被追认为"法定货币"。可谓"命悬一线"。

这里面的"第三因素"是什么？我们可以把它叫作"哈哈镜系统"——人们看到的不是事物本身，而是哈哈镜像。

藏獒的价格

想当年，藏獒的价格被炒得多么厉害，几十万元一条，几百万元一条，当然也有号称几千万元的，巨幅照片满天飞。现在怎样了呢？几乎无人养，几乎无人买，出现大批流浪犬。这是什么原理？哈哈镜效应。历史上的"郁金香"迷局，也是一种哈哈镜效应。

翡翠的价格

翡翠为什么那么贵呢？带点绿的上万元，全身通绿的几十万、几百万元。但如果有人告诉你，那个绿不过是不值钱的铬或三氧化二铬之类的矿物质，你会不会觉得大煞风景？但它就是那么贵，那么受人追捧。这也是"哈哈镜系统"。

"哈哈镜系统"给我们什么启发

被卷入哈哈镜系统的人，难道都没发现哈哈镜效应吗？

当然有人发现了，但一部分人发现了也无能为力（跳不出来）。

股票市场上的"博傻"现象很说明问题：即使知道那个股票不值那么多钱，但只要觉得可以用更高的价格卖给下一个人，就会"激流勇进"，击鼓传花。

人们已经认识到，个体和系统可以分属两个不同的意义世界：字母不知道单词的意义，砖石不知道房子的意义，零件不知道手表的意义，水分子不知道江海的意义，神经元不知道大脑的意义……细胞不思考意义，但人思考。

再类推一步：单个员工难道不知道公司的意义吗？可能知道直接意义，但不知道直接意义引发的蝴蝶效应的间接意义。就像造原子弹的人，大概没想到原子弹最后竟然成为最大的避战武器吧！

现在我们要问了：个体的意义更大，还是系统的意义更大？

当然没有固定答案，有人认为基因是生物的工具，还有人认为生物是基因的工具呢。

但如果发现公司做的是一个哈哈镜系统，那就需要重新思量。我们需要脱离镜像系统，回到真相系统。这样有利于确保造福，而非造祸。

实事求是，是一个伟大人物的必备品质，也是一个伟大公司的必备品质。

"二难选择"是常态

公司游走在一个复杂的世界里，经常会面临"二难选择"。

前文所讲的四大辩证都是"二难选择"。我们还可以举出一些例子。

关注机会，还是关注问题

假如你是一个企业家，你怎么开会？

70%讲问题，30%谈机会，这是一种风格；70%谈机会，30%讲问题，这又是一种风格。

哪个效果更好？很难说。有时候，我们是以解决问题为先手，然后顺势抓住了机会；有时候，我们是以寻找机会为先手，然后顺带把问题解决了。你很难论出高下，甚至很难论出头尾。比如这一例：青海有家大型太阳能机构，苦于杂草丛生遮挡太阳能板，每年让人清理杂草都要付出一笔巨款。后来找到了一个既解决问题又创造利益的办法——养羊。这下不得了，既解决了草的问题，又大大增加了养殖收入，变害为利了！在这个例子中，到底"问题思维"为主，还是"机会思维"为主，就很难厘清。

但这个例子还是给我们一个启发：雇人除草，是单纯的"问题思维"；养羊除草，是"问题—机会思维"。

单纯的"问题思维"，是一种悲观风格，让人进入防御状态，容易开成士气低落的会；"问题—机会思维"，是一种乐观风格，让人进入进攻状态，容易开成士气高昂的会。

有的企业会开两个会：一个是专门解决问题的会，一个是专门寻找机会的会。"花开两朵，各表一枝"，这也是一种不错的选择。

盯亮点是一种积极思维，盯暗点是一种消极思维。蒙牛开拓牛奶市场，先从难开拓的一线城市深圳入手。同城队友进军数年没打开，但蒙牛一战成名。怎么打开的？寻找亮点。亮点是免费品尝。把这个亮点复制到其他城市会怎样？结果一路绿灯，许多城市被点亮！如果盯暗点会是一种什么状态呢？开拓广州市场时，会埋头在广州市场寻找一个又一个问题，然后埋在里面拔不出来，根本就不会把深圳的亮点复制到广州去。

盯亮点是一种机会思维，盯暗点是一种问题思维。

结论：在"关注机会，还是关注问题"的二难选择中，要发扬"机会思维"和"问题—机会思维"，减少单纯的"问题思维"。

全面抓，还是重点抓

国外有个创业者，在业务陷入一团乱麻的时候去找老师，老师给了他第一个锦囊：别的事不要做，就做一件事——为14个部门寻找合适的负责人。

照此行事，业绩倍增。

公司业绩高速增长一段时间后步入高原期，他又去找老师，老师给了他第二个锦囊：把盯十个目标改为全公司紧盯一个主要目标。

照此行事，业绩又倍增。

两个锦囊，一个定数：抓主要矛盾，会在正方向上发生多米诺骨牌效应；抓次要矛盾，会在负方向上发生多米诺骨牌效应。

种子业务放在体内，还是放在体外

企业要主动发起自我革命，这已是共识。

可是，"种子业务"，或者说创新业务，到底应放在原体系内，还是放在另一个体系中，一直存有争议。

柯达发明了数码相机，却死于数码相机，因为它成熟庞大的相纸业务遏制了幼稚瘦小的数码相机的发展。这被人们视为新业务不能放在老业务体系中的经典案例。

可是，QQ如日中天的时候，腾讯主动革命，发起微信。微信难道不是在腾讯的体内？

所以，新业务与老业务的冲突，不管是抢夺资源说，还是互断后路说，似乎都不尽是把新业务放在体内还是体外的充分理由。领导人的意志，才是其中的关键因素。领导人的意志在新业务，即使放在公司体内，一样支持；领导人的意志不在新业务，即使放在公司体外，一样不会支持（不优先划拨资源）。

但把新业务独立成为一个公司，毕竟有一个好处：有利于它更好地从外界寻找支持，比如能够更方便地融资。由此，我们提出"生子理论"。

如何解决"永生问题"？答案是借鉴仿生学，运用"生子理论"。

所谓"生子理论"，是指企业和人一样，不可能活一万年，但如果生下儿子，生下孙子，子子孙孙，就可能活到一万年。

生子理论，让企业由一条命变成千百条命。

海尔创立了许多"小微"，有2000多个自主经营体，死了这批，还有那批。这符合生子理论。

在孙正义的战略中，有个字叫"群"——5000家公司的合力。这个理念同样符合生子理论。这几年他做得不太顺，因为投资面太广了。但这并不消解生子理论的魅力。

做80，还是做20

80/20的帕累托原则耳熟能详吧？

但我对它的运用产生了反思。

人们经常嘲笑"第五张饼"肚饱后大叹"早知这样不吃前四张饼"的那个人，但在不知不觉中却经常掉入这样的陷阱——帕累托法则误用陷阱，即一上手就只想做这20%，不想做那80%。殊不知，80%和20%无法事前预知，只能事后推知。也就是说，不尝试那80%，根本就不会发现这20%；甚至这20%就是以那80%为基础的！因此，帕累托法则属于"事后诸葛亮"（果推因式正确），而不是"事前诸葛亮"（因推果式正确）。

下面我们从两个方面来具体说明。

一方面，80%和20%无法事前预知，只能事后推知。以企业为例，在推出新产品之前，谁知道哪些产品将带来80%的收入、哪些产品将带来20%的收入？谁也不知道！如果知道，他多半不会让那80%的产品问世，直接聚焦这20%就可以了。如果混沌理论是正确的，那么，预测正确的难度就不是算术级的，而是几何级的。不，就是几何级也不能完全预测未来。换个说法：没有100%的尝试，就不会产生那80%，也不会产生这20%，未产生结果前谁也不知道它们谁为此，谁为彼。

另一方面，这20%往往是以那80%为基础的。也就是说：如果没有那"80%的低劳"，压根就诞生不了这"20%的高劳"。这里重温一下前面的例子：牛奶有"基础白奶"和"功能牛奶"的区别，通常"功能牛奶"20%的销量带来了80%的利润，"基础白奶"80%的销量带来了20%的利润。但是，"基础白奶"往往是"功能牛奶"的开路先锋，前者的市场占有率越高，后者攻城略地的速度就越快。

冒险，还是不冒险

冒不冒险，企业界是有争议的。李嘉诚就说他从不冒险，所有的事情都是在有把握的前提下才做的。

这里我们不下结论，但提出看风险的两个不同角度。

第一个角度：在甲是险，在乙非险。

甲以为乙在冒险，其实乙不是；甲在低维看不清，乙在高维看得清。这是一种信息不对称。

比如，谷歌的安卓系统最初与诺基亚的塞班系统较量时，在普通看客眼中这无疑是一个"蚍蜉撼大树"的故事，但谷歌站在更高的维度，早在 2009 年就发现塞班挺不过 5 年（李开复语）。

第二个角度：风险的代价。

经营企业，最大的硬道理是"活着"。所以，你可以冒险，但必须是冒"不死之险"。如果连"命"都押上了，风险无限大，那就叫"死险"了。

"不成功，就成仁"只适用于初创企业。这样的企业，本身还未活呢，何惧生死？所以，有时候大企业应该惧怕小企业，你明知小企业是拼着命来的，但你不能拼命。

即使对于初创企业而言，冒"死险"仍然不是最优选择——你毕竟不是奔死而来，何故向死而去？

与自己较劲，还是与别人较劲

在竞争中，人们都强调"与自己较劲"。牛根生说"与自己较劲，通过改变自己而改变了世界"，刘强东说"我从不研究竞争对手"。

《左传》说:"禹、汤罪己,其兴也悖焉;桀、纣罪人,其亡也忽焉。"这一句话,道尽千古兴衰!

凡合作之事不成,人人都有责任,或大或小而已。"罪人文化",人人诿过,个个恶脸,于是人心越来越远,再举事哪有愿触霉头者焉!"罪己文化",人人反省,个个善脸,于是人心越来越近,再举事哪有不努力者焉!

"罪己"还有一个额外的好处,就是"罪己者人不罪"。《管子·小称》说:"善罪身者,民不得罪也;不能罪身者,民罪之。"

但天下没有绝对的东西,有时候"与别人较劲"会胜过"与自己较劲"。我们知道,天下没有没问题的企业,如果承认这个前提,以下的例子就好理解了。这是一个真实的案例:有丙、丁两家企业,是同行也是冤家,丙借助媒体拼命曝光丁的问题,丁没有针锋相对地去曝光丙。结果,丁在人们心中成了混蛋企业。即使丙比丁的"混蛋因子"还多一些,丁比丙的"天使因子"还多一些,但丁的缺点被写成大标题,人们当然会认为丙比丁好。几年下来,丙超过了丁。

还有那个杭州保姆纵火案。报道中说:"而雇主对保姆可以说是仁至义尽,在保姆偷盗后没有辞掉她,而是希望她自己主动辞职,而且在火灾发生前一个月,雇主甚至借10万块钱给她买房。"古语说"无功受禄,贪心必起"。保姆因为在雇主那里多次无功受禄,竟然贪心四溢,生出"先放火,再救火,或厚报"的贪念……现在从雇主角度看一下:从我的立场出发立即辞退她,还是从她的立场出发延时辞退她?这成了一个生死时速的问题!结果大家都知道了:一个人事决定的延宕,后果竟然是阴阳两隔!

以对求对，还是以错求对

一个市场经理，策略不对，一下子赔了 200 万元。是开了他，还是再给他一次机会？接下来你有两种选择：一种选择是新雇一个经理，有可能还会赔 200 万元；另一种选择是让这个经理"戴罪立功"，有可能马上挣钱，也有可能更加赔钱。

有许多人采用第二种选择，成功了。这可谓"以错求对"。

教人本领，有两种教法：一种是"以对求对"，一种是"以错求对"。

我的体验是，"以错求对"的效果优于"以对求对"。所以，第一步，以错求对；第二步，以对求对。

怎么讲？比如说，教乡村医生在病人臀部打针，在臀部画一个十字坐标系，用"以对求对"的办法，是告诉他"对的部位"：第一象限某某处，第二象限某某处。用"以错求对"的办法呢，是扯出血淋淋的案例，告诉他"错的部位"：某年某月某日某医生，在第三象限某某处打针，结果伤到坐骨神经，把一个孩子瞬间扎成了瘸子。

所以，用"以对求对"教人，知对不知错，犯错概率大；用"以错求对"教人，知对又知错，犯错概率小！

所以，教人本领要双管齐下：先"以错求对"，再"以对求对"。

"矛盾趋衡论"与"荡秋千管理法"

矛盾趋衡论

为什么"二难选择"层出不穷？正确的应对策略是什么？

从历史长河的大尺度看，如果某个矛盾一直存在，那么，矛盾双方主次地位的更迭就不会只发生一次，而会发生无数次。也就是说，短线看双方地位一主一次、力量一强一弱，长线看双方地位轮流坐庄、力量趋向均衡，即某时显一极而长期存两极，某时有失衡而长期趋平衡。这就是"矛盾趋衡论"。

如果用矛盾趋衡论来看，所谓"西方动东方静""西方斗东方和""西方个人主义东方集体主义"的说法并不精准，你可以说某一时显示出这种特征，但不能说某个文化属性是西方固有的，某个文化属性是东方固有的。例如，在中国文化里，不是"天人合一"与"人定胜天"皆有吗？"集体主义"与"个人主义"皆有吗？"偏激哲学"与"中庸哲学"皆有吗？"积极主动"与"消极被动"皆有吗？"重义轻利"与"重利轻义"皆有吗？"性恶论"与"性善论"皆有吗？……矛与盾皆有！只是有时"矛"强一些，有时"盾"强一些。西方文化也是如此。这就像价值规律一样，如果把矛盾平衡线叫作价值中线，那么矛盾的主次转换就相当于价格围绕价值的上下波动。无论东方西方都存在这种波动，你不能把一个方向的波动归于西方，另一个方向的波动归于东方。我们需要透过文化现象，看到文化本质。

矛盾趋衡存在的前提是矛盾自容——矛与盾并立。如果一对矛盾消解了，趋衡之势也就不复存在。实践中人们易犯的错误是：本来矛盾自容，却常常"见矛不见盾"或者"见盾不见矛"。比如，今天，个性化、定制化生产被提到前所未有的高度，不少人把规模化生产视为明日黄花，但具有讽刺意味的是，移动互联网的旗帜性企业——苹果，却一如既往地进行大规模、标准化制造。所以，事物参差多样是永久状态：个性化是其一端，规模化是其另一端，绝不能执此非彼，执彼非此，只知其一其二，不知其三其四。

荡秋千管理法

由矛盾趋衡论，我们可以引申出"荡秋千管理法"——管理就像荡秋千一样，其奥妙就在于在矛盾的两极之间荡来荡去，以中为中而不为终，终在两极而不守终，一极为阳，一极为阴，阴阳互成，阳不高者阴不高，阴不高者阳不高。

在这里，我们通过笔者撰写的华为案例来说明"荡秋千管理法"。

从任正非的实践看"荡秋千管理法"

1. 狼性与人性之荡

华为是狼吗？

今天你看到的任正非多么温文尔雅：华为不做"西楚霸王"，华为要像苹果一样，举一把"大伞"，价格卖得高一点，让下面的小厂家都能活。

若问华为的"人性"为什么这么高，因为华为的"狼性"荡得高！

在竞争市场，只有高位者才有机会讲宽容，低位者不争不抢，那就只有死路一条。狮子可以对羚羊讲宽容，羚羊怎么对狮子讲宽容？

华为在登上世界之巅之前，也没想着举"大伞"。只需想想任正非是怎么绞杀李一男的，想想那个可怕的"打港办"，你就会领略何谓"狼性"。

思科也用"世纪诉讼"绞杀过华为。几乎在同一时期，华为有"打港办"，思科有"打击华为"工作小组。华为充满狼性，是因为竞争对手充满狼性。

但荡秋千总不能死守一端，不到另一端吧？

于是，华为起荡了：起初讲"狼三性"，荡得够狠，选人要看有没有"狼性"；后来就开始回荡，开始否认狼文化，开始员工关怀，开始举"大伞"。

有意思的是，2020年任正非重温了"狼文化"之敏感性、团队性、不屈不挠性——虽然是在记者的提问下被迫重温，但重温得那么细致——是不是需要再次回荡了？听说华为挖人挺狠的！

2. 短板与长板之荡

盯短板，还是盯长板？你得两头都盯。

大家还记得吗？在《华为的冬天》（2001）里，任正非讲的是补短板思维："均衡发展，就是抓短的一块木板……"

但2019年、2020年，任正非的话风就变了——

"短板买别人的就行了，何必要自己做短板呢？"

"我就是最典型的，就是短板不行。让我再拼一块别人的长板，拼起来不就是一个高桶了，为什么要自己变成一个完美的人？完美的人就是没用的人，我们公司从来不用完人，一看这个人总是追求完美，就知道他没有希望。"

但是，面对美国发起的全球限供，该补的短板还得自己补，因为外面的长板根本进不来！

美国卡芯片，华为有补短板的前手，海思出海了。

美国卡系统，华为也有补短板的备手，鸿蒙驾到了。

美国卡光刻，华为怎么办？华为也在想办法。

该上长板定理就上长板定理，该上木桶理论就上木桶理论。荡秋千原理，不求一极死守，但求两极游刃。

3. 有史与无史之荡

任正非说："我们公司就不太重视历史，走过的路从来没有记录。文件管理有一个日落法，我们公司满5年的文件就要日落。文件太多，公司运行速度会很慢。"

这是华为的"无史"观。

有人说"采访任正非比采访总统还难"。这也是"无史"观的侧面写照。

但在被美国制裁之后，任正非荡到了另一极：高频率接受世界媒体的采访，并自我肯定华为是个伟大的公司。

其实，敢于"无史"，是因为"有史"已经荡得足够高！高到什么程度？把企业史融入社会史！别的不说，从《华为基本法》到《我的父亲母亲》，从《华为的冬天》到《让听得见炮声的人呼唤炮火》……哪个不是把企业文化变成了社会文化的组成部分？任正非远离媒体，却没有远离高光。处处无史处处史！

4. 窄门与宽门之荡

20世纪八九十年代，做贸易是宽门，做技术是窄门。

宽到啥程度？一个老师带着一帮学生，一个暑假组装起500台120门小用户交换机，就赚了2000多万元！

华为有没有走过这样的宽门？走过。它的第一桶金就是代销交换机获得的。

但华为很快就改走窄门：当时国内在程控交换机技术上基本空白，它把"第一桶金"全部投入到研制自有技术中。

但这个窄门既是为自己走，也是为老百姓走。为什么这么说？

别忘了，那时候由于外国公司一统天下，中国老百姓安一部电话的初装费是5000元！昔日高收费，今日不收费，基础设施不可同日而语是不容否认的事实，但当时的价格虚高也是不容否认的事实。

如何理解这种"价格虚高症"？从IBM跳槽到华为的一位员工的亲身经历，可以类比说明——

这位员工去一个世界"Top 5"的贫穷国家服务时，发现在国内最多卖50万元人民币一套的OA软件，某公司在这个国家卖了500万美元！这位员工一直将此事当笑话讲，但有一次在讲时却突然顿悟了：那帮人以前在中国不也是这样卖高价的吗？！在中国卖机床超级贵！卖IT设备超级贵！卖软件特别贵！……卖什么都特别贵！如果不是产生了华为这样的公司，我们不还活在这样"特别贵"的环境中吗？

有没有发现，宽门窄门虽然都可谓"尸痕累累"，但在幸存者样本中，总体上来看：走宽门的，越走越窄；走窄门的，越走越宽。

国夫曰：天下事有难易乎？先难则后易矣，先易则后难矣！

5. 有"王"与无"王"之荡

华为在股权上有"王"吗？既有，也没有。华为在股权设置上，任正非持股1.4%，却有一票否决权；员工持股98.6%，由此实现了财散人聚。

华为在运营上有"王"吗？既有，也没有。华为过去有三位轮值CEO，现在有三位轮值董事长，这是一般企业所没有的制度。此外,它还讲"让听得见炮火的人呼唤炮火"。

任正非自谓傀儡,但别忘了,他也是"狼王"。关于接班人,华为有什么打算?

谈到继任计划,我觉得有三个人可以互比一下:任正非,牛根生,王石。

当年王石到处炫耀一件事:当牛根生向他请教接班人问题时,他慨然回答,"我不考虑接班人问题,我只考虑制度问题,让制度接班"。但事实证明,愿望不能代替逻辑。在"宝万之争"中,王石没讲什么制度。在争端中,他表态只有郁亮接班才是可接受的(在这种情况下他可以退出);在争端末,他还是指定郁亮做了接班人。

牛根生说:"接班人最好选实现财富自由的,这样才有可能做到'大家第一,自己第二'。"无独有偶,巴菲特也说:"第一,希望他已经非常有钱;第二,并不是因为要赚更多的钱才来工作。"

任正非强调的是接班人群体:"一直有继任计划。继任不是交给个人,而是交给一个群体,群体下面还有群体,一群群套着这个群体,像链式反应一样,是一个庞大的继任计划,不是一个人的。不然,万一这个人生病了怎么办?何况我们还是一架'烂飞机',所以继任者不是一个人,而是一群人。"

现在我们来解析"荡秋千管理法"的本质——以中为中而不为终,终在两极而不守终,一极为阳,一极为阴,阴阳互成,阳不高者阴不高,阴不高者阳不高。

解析一:以中为中而不为终。

知道"荡秋千管理法"为什么不写作"秋千管理法",而非要加个"荡"字吗?

因为,它不是不偏不倚的折中主义,恰恰相反,它在"中"的地方从不停留,而是要走两个极端(以中为中而不为终)!你要么走"补短板"这一极,要么走"展长板"这一极,你总不能既不补短板也不展长板,"以中为终"守着不动吧!

貌似聪明的过来人经常告诫我们"不要走极端"。这样的告诫在人际领域也许是对的,但在创业领域,可以明白无误地说:不走极端,你是错的。所有的伟大都是极端,珠穆朗玛峰是极端,马里亚纳海沟也是极端。

解析二:终在两极而不守终。

走极端不等于守极端——终在两极而不守终。

守极端你就错了,在珠峰上会冻死的。荡回地面才能更好地再次荡上珠峰。对于极端,只是"走"而已,"走"过即回,轮回。

比如,中心化与去中心化居于矛盾两端,能守在两端不动吗?不能。腾讯的理念过去是去中心化占优,现在开始向中心化"荡"移;阿里巴巴的理念过去是中心化占优,现在开始向去中心化"荡"移。

又如,"因人设事"和"因事设人",都有正确的应用场景,在管理学上没有定规,荡秋千而已。

解析三:一极为阳,一极为阴,阴阳互成。

这是哲学上否定之否定原理在管理上的运用。

比如,你有没有发现,组织架构每几年就需要变一变?有时是集权与分权之变,有时是线上与线下之变,有时是核心与边缘之变。

荡的意义在于激活,不荡不活。

凡是不会荡的,都是思维僵化的人。思维僵化的人是管理不好企业的。

解析四：阳不高者阴不高，阴不高者阳不高。

我为什么不把"荡秋千管理法"叫作"钟摆管理法"？因为钟摆是有固定标高的，而荡秋千是没有固定标高的。阳高则阴高，阴高则阳高；阳不高者阴不高，阴不高者阳不高。

你对客户有多爱，客户对你就有多爱，这是一种对等回荡。"京东自营"的许多商品能够"次日达"，于是，它理所当然地成为急购者的首选。微信、美团、支付宝无比贴心，分别成为我们的"第二喉舌""第二厨房""第二钱包"。我们再来看《行为设计学：打造峰值体验》载过的一个案例：赫恩一家把玩具长颈鹿"乔西"落在了丽思卡尔顿酒店，并不得已向孩子扯谎"乔西度假去了"。结果，了解到内情的丽思卡尔顿酒店，不仅寄回了乔西，而且寄来了一沓乔西"度假"的照片——有在泳池边放松的，有在水疗馆享受按摩的（眼睛上还敷着黄瓜片），有与鹦鹉共处的，有驾驶高尔夫球车的，还有盯着监控录像的……夫妻俩心花怒放，儿子更是欢呼雀跃！酒店对顾客的爱"荡"得有多高（峰值体验），顾客对酒店的爱"回荡"得就有多高（峰值回报）。赫恩就这次经历写了一篇博文，被人们疯传。

理想主义高者，现实主义才高，这也是一种对等回荡。理想主义，是把"不能"变成"能"的"原子弹"！一些成功的企业家，常有诗意的语言、浪漫的夸张，他们是能把人说得热血沸腾的企业家。这是由内而外的张力！没有诗意的语言，从无浪漫的夸张，是干不出大事业的——没有想象力，还谈什么创造未来？！

一个企业家如果只会就事论事，不会就事论梦，他是带不出一支生龙活虎的团队的！

方生方死，此岸彼岸

有一段生死之问。记者问："华为会倒下吗？"任正非答："这是一定的。华为倒下是早晚的事情，这是个哲学问题，不是个现实问题。"

方生方死是生命的常态，也是企业的常态，因而"战战兢兢，如履薄冰"不是矫情，是真情。任正非半夜哭醒，刘强东一夜白头，郭家学几近跳楼……哪个企业不是九死一生。

企业有成败，文化或永生

这是一个以成败论英雄的时代，这也是一个不以成败论英雄的时代。

不管当初多么光鲜，只要企业在你的手上倒闭了，你的神话就成了鬼话，此为"丧钟"。如果你的企业在你的接班人手里倒闭了，人们会为你惋惜，此为"挽歌"。"丧钟"惊魂，"挽歌"凄凉，末路纸花别样黄。反过来也一样，只要你最终把企业做成功了，当初的一切失败，就又都成了励志佳话。这是以成败论英雄。

不管你的企业是否存在，你的思想、方法、善举、基因，总而言之，你的文化，会经历大浪淘沙，沙被淘，金被留，也许一世二世，也许千世万世。这是不以成败论英雄。

此岸是"我"，彼岸是"我们"

做一个终极思考，企业文化为了什么？由此岸到彼岸，此岸是"现实之我"，彼岸是"理想之我"。文化的使命就是把"现实之我"度向"理想之我"。

为了这个"度",企业家这一生——准确地说,人这一生——始终在倒腾两件事:要么改变元素,要么改变结构。因为事物变化,无非两种情况:一是元素改变,二是结构改变。

第一,"结构一定,元素为王"。从地球的千米高空往下掉,这是"结构";掉的是一颗乒乓球还是一颗等大的铁球,这是"元素";乒乓球飘飘忽忽掉在老虎头上如同挠痒痒,铁球掉在老虎头上一击毙命,这是"结构一定,元素为王"。企业整合的决定性元素,有时是一个人,有时是一个物,有时是一笔钱,有时是一种思想。

第二,"元素一定,结构为王"。等量的碳元素,成为石墨是一种价值,成为钻石是一种价值,成为六方晶系陨石夜明珠又是一种价值。企业变换的结构,可能是员工的生态位,可能是资源的生态位,可能是企业的生态位……

在元素变换中震震荡荡,在结构变换中起起伏伏。

然而,还有一个终极问题:企业是谁的?

记得2012年在蒙牛第二、三任总裁交接仪式上,牛根生提出一个问题:蒙牛是谁的?他的结论是:企业归根到底是消费者的。但宁高宁当即表达了不同的观点:企业是员工的。

今天我们也许可以回答了,他们都是对的:从此岸看,企业是员工的;从彼岸看,企业是消费者的。度己度人就这样完美合一。

我们说,钱是非钱的副产品,度己是度人的副产品。

从演化角度看,文化没有终点,文化永远在路上。

白猫黑猫新论

最后,用我的一篇管理诗《白猫黑猫新论》来作结:

成熟的管理者，
心中住着两只猫——
一只白猫，
一只黑猫。

这两只猫总打架：
白猫拿显微镜，
黑猫操望远镜；
白猫赞鸽子，
黑猫颂老鹰；
白猫说热，
黑猫喊冷。

哎呀，烦死人！
可否踢走一只猫？
那就问问列车要不要——踢走一条轨！
当你心中能够同时容纳两个矛盾观点的时候，
当部下说"a"你信他但仍想到"–a"存在的时候，
当千人诺诺唯一人谔谔你犹格外聆听的时候，
你才是一个精明的哲学家。

成熟的管理者，
心中住着两只猫——
一只白猫，
一只黑猫。

附录　**国夫感悟**

1. **尖周律**：操作要讲"聚焦法则"，突出一个"尖"字；决策要讲"360度模式"，突出一个"周"字。不周不尖。

2. **半语效应**：信息传递不完整，有头无尾，有左无右，有正无负，有喜无忧，让人片面解读。

3. **一线插旗，二线飘红**：当你在一线城市成为第一品牌的时候，在二线城市、三线城市也会成为第一品牌。

4. **人之三性**：食，色，言。整个人类极简史，就是一部食、色、言的冲突史。

5. **双重基因**：人的第一基因是"肉体基因"，第二基因乃"思想基因"。你创造第二基因了吗？

6. **连环竞争**：那些只想到开头没想到结尾、只想到自己出手没想到别人出剑的人，会死在"无知无畏"的路上。

7. **虚实合璧**：评论家和实干家的区别是什么？一个是"嘴上功夫"，一个是"脚下功夫"。他们是我们这个世界的双螺旋结构——思想和实践合成的DNA。

8. **三化法则**：鸿蒙初开，世界上只有一个法则：理化法则。生命出现，世界上有了两个法则：理化法则，生化法则。人类诞生，世界上有了三个法则：理化法则，生化法则，文化法则。

9. **不长不爱**：每一个"我不喜欢"后面，都站着一个"我不擅长"。擅长了，你就爱了。

10. **占有律**：判断一个东西要不要占有，有两个标准：第一个标准是占有它我是不是受益，第二个标准是对手占有它我是不是受害。

11. **错名即错过**：不要和写错你名字的人合作。写错名字，不是对你不上心，就是粗心，无论是哪一个，都表明不可托付。

12. **神鬼一体**：我们都是"双面人"：公开一面，私密一面；高兴一面，痛苦一面；理想一面，现实一面；最主要的——自己看自己，一会儿在这一面，一会儿在那一面……所以，每个人，自信又自卑，自成又自毁，是神又是鬼。

13. **推己误人**：这世上有一种恶，叫作"推己及人"。其实就是投射：佛心见佛，魔心见魔。这世上还有一种恶，叫作"己所欲，施于人"。这比"推己及人"更暴力，不再"猜人"，直接"踩人"，如"浑沌"被"倏"和"忽"开七窍而死！⊖

14. **品牌根基**：没有质量，一切都是负数！

15. **钻石品牌**：广告打造"玻璃品牌"，新闻打造"钻石品牌"。

16. **名含基因**：衡量品牌名称好坏的标准只有一个，看"品牌名称"是否正确有效地传递了"品牌基因"。

17. **三嘴品牌**："快嘴品牌"会说话，"哑巴品牌"不说话，"歪嘴品牌"说错话。

18. **立言兴邦**：我国自古就有"立德、立功、立言"三不朽之说。"德"迁于时间，古之德不一定为今之德，例如"三纲五常"。"功"囿于空间，此地功不一定为彼地功，如大运河。唯有"立言"，敌可以看，友可以看；此地可以看，彼地可以看；古可以看，今可以看——在时空隧道上无论何人何时何地都可以拜读，其本微微，其泽恢恢。

⊖ 出自《庄子·应帝王》，相传南海的大帝名叫倏，北海的大帝名叫忽，中央的大帝叫浑沌。倏与忽常常相会于浑沌之处，浑沌款待他们十分丰盛，倏和忽在一起商量报答浑沌的深厚情谊，说："人人都有眼耳口鼻七个窍孔用来视、听、吃和呼吸，唯独浑沌没有，我们试着为他凿开七窍。"他们每天凿出一个孔窍，凿了七天浑沌也就死去了。

19. **人器互塑**：人人在做着自己的器皿，可人人又反过来像装在器皿里的水：入于金杯置高堂，入于泥杯伴草庐；兑进麦精成佳酿，兑进砒霜化毒汁。

20. **一压两分**：什么是压力？压力是马蹄踩在蚂蚁背上的那种力——使毁灭；压力是钢钳狠咬铝球的那种力——使变形；压力是枪针猛击弹尾的那种力——使超越。可尧可舜，可桀可纣。这就是压力。

21. **领导≠头目**：前人造字，非常仔细，既造"领导"，也造"头目"；因为领导是领导，头目是头目，两者形相似而质相远。

22. **动机论与效果论**：批评就是批评，讲什么善与恶的"动机论"！动机论琢磨人，效果论琢磨事。多讲批评的"是"与"非"，少谈批评的"善"与"恶"。

23. **迷信悖论**：迷信有两种情况。第一种情况，迷信使无数蠢人跟着少数聪明人走；第二种情况，迷信使无数聪明人跟着少数蠢人走。

24. **选马不选鞭**：要想跑得快，首要的问题是选择快马，而不是策划鞭子。

25. **巨婴与死胎**：世上难产的东西有两种，一种是"死胎"，一种是"巨婴"。

26. **分立是人类的硬道理**：苗稠了要间，树多了要挪；鸟大了要移巢，猴多了要分群；胎大了要分娩，业大了要分家。分蘖是植物的硬道理，分离是动物的硬道理，分立是人类的硬道理。

27. **广告创意的"1421法则"**：1个"创意宪法"(忠于品牌定位，万变不离其宗)，4个"奠基元素"(人、物、事、景)，2个"升华元素"(情、理)，1个"限制元素"(法)。

28. **媒体无大小**：媒体无大小，新闻无小事。这是由"媒体共振规律"决定的。

29. **人因圈贵**：点不放到面上，就难以确定它的位置；人不放到系统中，就难以考量他的价值。

30. **"一点儿"论**：冠军与亚军的差别就那么"一点儿"，画家与画匠的差别就那么"一点儿"，大禹与鲧的差别就那么"一点儿"。多那么"一点儿"，就可以把企业举入天堂；少那么"一点儿"，就可以把企业拖入地狱。

最新版
"日本经营之圣"稻盛和夫经营学系列
马云、张瑞敏、孙正义、俞敏洪、陈春花、杨国安　联袂推荐

序号	书号	书名	作者
1	9787111635574	干法	【日】稻盛和夫
2	9787111590095	干法（口袋版）	【日】稻盛和夫
3	9787111599531	干法（图解版）	【日】稻盛和夫
4	9787111498247	干法（精装）	【日】稻盛和夫
5	9787111470250	领导者的资质	【日】稻盛和夫
6	9787111634386	领导者的资质（口袋版）	【日】稻盛和夫
7	9787111502197	阿米巴经营（实战篇）	【日】森田直行
8	9787111489146	调动员工积极性的七个关键	【日】稻盛和夫
9	9787111546382	敬天爱人：从零开始的挑战	【日】稻盛和夫
10	9787111542964	匠人匠心：愚直的坚持	【日】稻盛和夫 山中伸弥
11	9787111572121	稻盛和夫谈经营：创造高收益与商业拓展	【日】稻盛和夫
12	9787111572138	稻盛和夫谈经营：人才培养与企业传承	【日】稻盛和夫
13	9787111590934	稻盛和夫经营学	【日】稻盛和夫
14	9787111631576	稻盛和夫经营学（口袋版）	【日】稻盛和夫
15	9787111596363	稻盛和夫哲学精要	【日】稻盛和夫
16	9787111593034	稻盛哲学为什么激励人：擅用脑科学，带出好团队	【日】岩崎一郎
17	9787111510215	拯救人类的哲学	【日】稻盛和夫 梅原猛
18	9787111642619	六项精进实践	【日】村田忠嗣
19	9787111616856	经营十二条实践	【日】村田忠嗣
20	9787111679622	会计七原则实践	【日】村田忠嗣
21	9787111666547	信任员工：用爱经营，构筑信赖的伙伴关系	【日】宫田博文
22	9787111639992	与万物共生：低碳社会的发展观	【日】稻盛和夫
23	9787111660767	与自然和谐：低碳社会的环境观	【日】稻盛和夫

推荐阅读

读懂未来 10 年前沿趋势

一本书读懂碳中和
安永碳中和课题组 著
ISBN：978-7-111-68834-1

双重冲击：大国博弈的未来与未来的世界经济
李晓 著
ISBN：978-7-111-70154-5

元宇宙超入门
方军 著
ISBN：978-7-111-70137-8

量子经济：如何开启后数字化时代
安德斯·因赛特 著
ISBN：978-7-111-66531-1

彼得·德鲁克全集

序号	书名	要点提示
1	工业人的未来 The Future of Industrial Man	工业社会三部曲之一，帮助读者理解工业社会的基本单元——企业及其管理的全貌
2	公司的概念 Concept of the Corporation	工业社会三部曲之一，揭示组织如何运行，它所面临的挑战、问题和遵循的基本原理
3	新社会 The New Society: The Anatomy of Industrial Order	工业社会三部曲之一，堪称一部预言，书中揭示的趋势在短短10几年都变成了现实，体现了德鲁克在管理、社会、政治、历史和心理方面的高度智慧
4	管理的实践 The Practice of Management	德鲁克因为这本书开创了管理"学科"，奠定了现代管理学之父的地位
5	已经发生的未来 Landmarks of Tomorrow: A Report on the New "Post-Modern" World	论述了"后现代"新世界的思想转变，阐述了世界面临的四个现实性挑战，关注人类存在的精神实质
6	为成果而管理 Managing for Results	探讨企业为创造经济绩效和经济成果，必须完成的经济任务
7	卓有成效的管理者 The Effective Executive	彼得·德鲁克最为畅销的一本书，谈个人管理，包含了目标管理与时间管理等决定个人是否能卓有成效的关键问题
8 ☆	不连续的时代 The Age of Discontinuity	应对社会巨变的行动纲领，德鲁克洞察未来的巅峰之作
9 ☆	面向未来的管理者 Preparing Tomorrow's Business Leaders Today	德鲁克编辑的文集，探讨商业系统和商学院五十年的结构变化，以及成为未来的商业领袖需要做哪些准备
10 ☆	技术与管理 Technology, Management and Society	从技术及其历史说起，探讨从事工作之人的问题，旨在启发人们如何努力使自己变得卓有成效
11 ☆	人与商业 Men, Ideas, and Politics	侧重商业与社会，把握根本性的商业变革、思想与行为之间的关系，在结构复杂的组织中发挥领导力
12	管理：使命、责任、实践（实践篇） Management:Tasks,Responsibilities,Practices	为管理者提供一套指引管理者实践的条理化"认知体系"
13	管理：使命、责任、实践（使命篇） Management:Tasks,Responsibilities,Practices	
14	管理：使命、责任、实践（责任篇） Management:Tasks,Responsibilities,Practices	
15	养老金革命 The Pension Fund Revolution	探讨人口老龄化社会下，养老金革命给美国经济带来的影响
16	人与绩效：德鲁克论管理精华 People and Performance: The Best of Peter Drucker on Management	广义文化背景中，管理复杂而又不断变化的维度与任务，提出了诸多开创性意见
17 ☆	认识管理 An Introductory View of Management	德鲁克写给步入管理殿堂者的通识入门书
18	德鲁克经典管理案例解析（纪念版） Management Cases(Revised Edition)	提出管理中10个经典场景，将管理原理应用于实践